RAINER
KOCHT FEINER

DAS!

ndr 2 N3

ARTFOUND

SABINE ROSSBACH-HESSE

Es war im Jahre 1985, als ein großer Mann in der Redaktion von NDR 2 auftauchte und den versammelten Kollegen, die sich hauptsächlich von Tiefkühlpizza und schwarzem Kaffee ernährten, einen lautstarken und heftigen Vortrag über Ernährung und die Lust am Genuß hielt. »Jeder Mensch muß essen, jeder Mensch muß sich also etwas zu essen machen, und warum soll man das nicht mit Spaß tun?« fragte Rainer Sass in die Runde.

An diesem Tag wog ich 48 Kilogramm. Das ist lange her, denn seit diesem Tag wird bei NDR 2 gekocht. Immer donnerstags zeigt Rainer Sass, wie man ohne viel Aufwand und Schnickschnack mit gesunden und vor allem erreichbaren Zutaten Pfiff in die eigene Küche zaubert. Rund 700 Folgen Kochstudio – zunächst mit Uwe Bahn, der mittler-

© 1996 ARTFOUND PRINT, HAMBURG
ALLE RECHTE VORBEHALTEN.
NACHDRUCK NUR MIT GENEHMIGUNG
DES VERLAGES.
ARTFOUND PRODUCTIONS GMBH
ULMENSTRASSE 23 22299 HAMBURG
1. AUFLAGE 1996
ALLE FOTOS: OLAF GOLLNEK, HAMBURG
GESTALTUNG: GIANNI MORANDI

PRODUKTION UND SATZ:
ARTFOUND GMBH HAMBURG
MITARBEIT: SIGRUN WILLERS
LITHOS, DRUCK UND VERARBEITUNG:
DRUCKHAUS MÜNSTER, KORNWESTHEIM
L & N LITHO, WAIBLINGEN

PRINTED IN GERMANY
ISBN 3-930336-92-8

weile im Stande ist, seine Gäste mit bayerischen Spezialitäten zu bewirten, und später mit mir – gaben dem NDR-2-Koch recht.

Die Hörer sind verrückt nach den Rezepten von Rainer Sass. Jede Woche werden rund 2 000 davon verschickt. Beweis dafür, daß die Sass'sche Küche nicht nur schmeckt, sondern auch leicht nachzukochen ist. In diesem zweiten Buch von Rainer Sass werden Sie wieder viele Rezepte finden, die sowohl Anfänger am Kochtopf als auch Profis begeistern.

Wieviel ich heute wiege, bleibt übrigens mein Geheimnis. Eins nur: Das Kochen mit Rainer Sass in unserer kleinen Studioküche gehört zu meinen Lieblingsterminen bei NDR 2.

In diesem Sinne: Guten Appetit!

PR-BERATUNG VON RAINER SASS:
SUCKER CONNECTIONS, HAMBURG

DANKE
SABINE ROSSBACH-HESSE
HANS-JÜRGEN BÖRNER
FLORIAN KRUCK

Manni:

»Zwei Dinge törnen mich an, frischer Fisch und offen fahrn«

SAIBLING IN SALZTEIG

*1 Saibling,
mind. 2–2,5 kg
6 Pfund Salz
6 Eiweiß
SAUCE:
2 Schalotten
3 EL Butter
1 EL Weißweinessig
1 Glas Geflügelfond
1 Bund Schnittlauch*

Salz und Eiweiß mischen, auf dem Backblech etwas Salzteig verteilen, den ausgenommenen und gewaschenen Fisch auf den Teig legen. Den Fisch mit Salzteig bedecken und im vorgeheizten Backofen bei 220°C 20 Minuten garen. Danach aus dem Teig befreien (Tip: Küchentuch drüber und mit Fleischklopfer den Teig zertrümmern).

Für die Sauce die fein gehackten Schalotten in etwas Butter andünsten, mit Essig ablöschen, Fond dazugießen, alles einkochen lassen, mit der restlichen Butter binden. Vor dem Servieren etwas von dem gehackten Schnittlauch daruntermischen.

Am liebsten schwimmt der Saibling in Champagner, Blanc de blancs, oder er vergnügt sich mit einem jungen, knackig-trockenen Riesling von Fritz Haag an der Mosel.

KNOBLAUCH-KARTOFFEL-PÜREE

*10 Kartoffelknollen,
weichkochend,
mittelgroß
10 Knoblauchzehen,
4 EL Olivenöl
1/4 l Milch, Basilikum*

Knoblauchzehen enthäuten, mit Kartoffeln zusammen kochen. Olivenöl, Milch, Salz und Basilikum beigeben. Alles gut zerstampfen – bitte nicht rühren.

Schmeckt zu gekochten Eiern, Fisch, Kotelett und Lammbraten. Oder Knoblauch-Kartoffel-Püree zum Saibling – statt der Schalottensauce.

Etwas gewagt, aber ungemein charakterstark neben der scharfen Knolle ist ein Glas Manzanilla Sherry, z. B. La Guita. Als »Allroundempfehlung« zu Knoblauch gelten die Friauler Weißweine, allen voran der Tocai von Schiopetto.

AIOLI

*6 Knoblauchzehen
2 Eigelb, 1/8 l Olivenöl
2 EL Zitronensaft
1 EL lauwarmes
Wasser, Pfeffer*

Knoblauchzehen zermörsen, Eigelb beigeben. Langsam, erst tröpfchenweise, das Olivenöl beigeben. Dann etwas Wasser und den Zitronensaft dazu.

Schmeckt ausgezeichnet zu gegrilltem und gebratenem Fisch.

KOHLRABI MIT LACHS GEFÜLLT

Kohlrabi putzen, Wurzelansatz abschneiden, einige feine Blätter aufbewahren. Den Kohlrabi aushöhlen und in Salzwasser 8–10 Minuten fast gar kochen. Bitte ständig kontrollieren, da die Kohlrabis oft eine unterschiedliche Konsistenz haben.

Süße Sahne in einen Topf geben und zur Hälfte einkochen lassen. Leicht auskühlen lassen und zur Bindung 2 Eigelb untermischen, fein gehackte Petersilie beigeben.

Lachsfilet salzen und pfeffern, in Scheiben schneiden und den Kohlrabi damit füllen – Sahne-Ei-Mischung aufgießen – einige Butterflocken darauf. In eine gefettete Form geben und für 20 Minuten bei 180–200°C in den Ofen schieben. Danach mit gehackten Kohlrabiblättern bestreuen und dampfend servieren.

Dazu paßt ein Kartoffelpüree aus neuen Kartoffeln.

Probieren Sie mal einen trockenen Muskateller oder Sauvignon aus der Steiermark zu diesem Gericht, und Sie werden begeistert sein.

4 Kohlrabiköpfe (mittelgroß)
300 g frische Lachsforelle
2 Becher süße Sahne (à 200 g)
2 Eigelb
Butter
Salz, Pfeffer
1 Bund Petersilie

**Kohlrabi mit
Lachs gefüllt
(Rezept
Seite 9)**

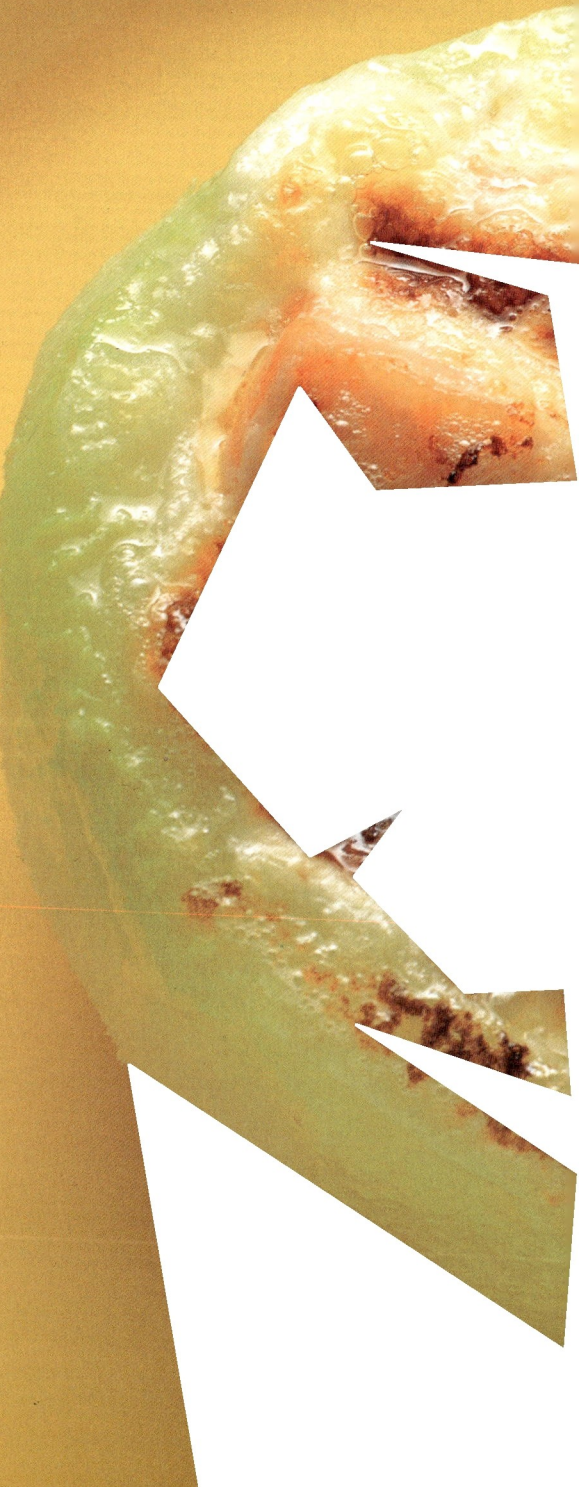

SALAT MIT FISCHFILETS UND SCAMPI

Filets von Lotte,
Loup de Mer, Saibling,
1,5-2,0 kg insgesamt,
total entgrätet
pro Person 2 Scampi,
halbiert
HERBSTLICHE
SALATSORTEN:
Rucola, Feldsalat,
Endivie, Radicchio
MARINADE:
3 EL Olivenöl
2 EL Weißweinessig
1 TL Senf, wenn
möglich grobkörnig,
mittelscharf

Fischfilets vom Fischhändler zurechtschneiden lassen, Schuppen abkratzen und nach eventuellen Gräten absuchen. Haut rautenförmig einschneiden, salzen und pfeffern. Salat säubern und trocknen. Marinade verrühren. Fischfilets in Olivenöl braten – zuerst auf der Hautseite, dann weitere 2 Minuten auf der anderen Seite. Scampis schälen, vom Darm befreien und quer halbieren, in Olivenöl 3–4 Minuten braten, etwas salzen Salat mit Marinade vermengen, auf einen Teller geben und die frisch gebratenen Fischstücke dazugeben. Angenehmer ißt sich der Salat, wenn mehrere Sorten mundgerecht geschnitten werden – also keine großen Salathappen auf den Teller. Die Menge des Salates ist Gefühlssache, ebenso die Marinadenmenge – also nach Bedarf handeln.

Weißburgunder, Pinot bianco oder Pinot blanc –
eine Rebsorte, die, aus Deutschland, Italien oder dem Elsaß
stammend, eine feine Begleitung zum Salat bietet.

SEETEUFEL AUF GEMÜSE

500 g Seeteufelfilet
1 Fenchelknolle
1 Zucchini, mittelgroß
1 Bund Möhren
1 Bund Petersilie
1 Bund Basilikum
(oder 1 Topf)
3 Knoblauchzehen
10 kleine Tomaten,
»Vierländer«, halbiert
4 EL Olivenöl
Salz, Pfeffer, Zitrone
0,3 l Fischfond frisch,
ersatzweise Lacroix-
Fischfond

Gemüse waschen, putzen, in feine Scheiben schneiden, Kräuter hacken. Beim Fenchel braune Stellen und harten Mittelteil entfernen. Tomaten vom Strunk befreien und halbieren. Seeteufelfilet salzen, pfeffern und mit etwas Zitrone würzen. Am besten einen ganzen Fisch kaufen, dann diesen von allen Häuten befreien und filetieren. Das geht einfach, da der Fisch nur eine Mittelgräte hat.

Gemüse in Olivenöl andünsten, etwas salzen. Basilikum, Petersilie und gehacktes Fenchelkraut (falls vorhanden) dazu. Das Olivenöl sollte sich schön mit dem Gemüse verbinden, eventuell etwas mehr Öl zugeben.

Nun die Fischfilets auf das Gemüse setzen, Tomaten und Fischfond dazu, Deckel drauf und 8–10 Minuten bei kleinster Hitze köcheln lassen. Wer möchte, schmeckt mit Cayennepfeffer, Zitrone oder etwas kalter Butter ab – sehr lecker!

Unsere Favoriten sind Sauvignon-blanc-Weine aus Süd-
afrika (Mulderbosch) oder Neuseeland (Cloudy Bay).

ZANDERFILET MIT KARTOFFELKRUSTE

Gemüse in feinste Streifen schneiden, vom Fenchel vorher den Mittelstrunk und braune Stellen entfernen. Knoblauch durchpressen, Schalotten klitzeklein schneiden. Alles in Olivenöl andünsten, mit Noilly Prat und Fischfond ablöschen. Etwa 5 Minuten leicht köcheln lassen. Dann mit Petersilie, Salz, Pfeffer und dem gehackten Fenchelkraut würzen!

Zanderfilets salzen und pfeffern. Kartoffeln mit einer groben Reibe in feine Stifte reiben. Filets in Mehl wenden und mit mittelscharfem Senf von beiden Seiten leicht bestreichen – gar nicht so einfach. Dann die Kartoffelraspeln auf einem Teller ausbreiten, leicht salzen, das geschmierte Zanderfilet mit den Kartoffeln bedecken und andrücken, so daß eine gleichmäßige Kartoffelkruste entsteht – durch den Senf haftet alles sehr gut.

In Butter goldbraun ausbraten – bei mittlerer Hitze gut 5–6 Minuten. Die Kartoffelkruste schützt das Fischfleisch – dieses bleibt saftig, braucht aber etwas längere Bratzeit.

Mit dem Gemüse servieren.

Ein Gericht – so richtig für den Sauvignon Blanc gemacht! Klassisch, von der Loire. Hervorragend liegen Sie hier mit einem klaren, nicht alkohollastigen Pouilly-Fumé (Cailbourdin, Dagueneau) .

4 Zanderfilets à 150-170 g
1 Bund Frühlingszwiebeln
1 Schalotte
1 Knoblauchzehe
1 kleine Fenchelknolle
3 Möhren
1 Schnapsglas Noilly Prat (Vermouth)
0,2 l Fischfond
Olivenöl
frische Petersilie
Mehl
mittelscharfer Senf
4 Kartoffelknollen, groß, festkochend
Salz

Manni:

»Wenn Moni (mein Goldfasan) schält, ist alles Roger«

KOCHEN
DES SPARGELS

Eine genaue Kochzeit läßt sich nicht angeben – man sollte beim Einkauf allerdings darauf achten, möglichst gleichgroße Stangen zu kaufen.

Mittelgroße Stangen brauchen 15–18 Minuten. Kocht man Spargel für mehrere Personen und hat unterschiedliche Spargelstangen, bündelt man die dünneren und die dickeren getrennt und legt logischerweise die dicken zuerst ins Wasser.

Spargel immer gebündelt kochen – so liegt er fest im Topf, die Köpfe können nicht abbrechen, und man bekommt ihn hervorragend heraus. Ideales Kochgerät ist ein Spargelkochtopf mit Siebeinsatz oder ein länglicher Fischtopf. Ich koche seit Jahren den Spargel gebündelt im großen Edelstahltopf und bin mit dieser Methode immer gut zurechtgekommen.

Das Spargelwasser salzen und, wer möchte, mit einem Stück Butter aromatisieren. Der Spargel sollte nach dem Kochen auf einer vorgewärmten Platte, die mit einem Küchentuch oder einer Serviette ausgelegt ist, serviert werden. Er bleibt somit warm, wird durch das Küchentuch trocken und nimmt beim Verzehr besser die Flüssigkeit auf – sprich Sauce oder Butter.

Geschält wird von oben nach unten. Ideales Schälgerät ist der Sparschäler. Die Enden müssen 1–2 cm abgeschnitten werden. Grüner Spargel sollte nur am Ende geschält werden, möglicherweise verholzte Enden abschneiden.

Ein Stück Toastbrot im Kochwasser entzieht dem Spargel die Bitterstoffe, obwohl bitterer Spargel eigentlich immer seltener wird.

SALAT VOM WEISSEN UND GRÜNEN SPARGEL

Vier kalte Teller bereitstellen.

Apfelbalsam und Walnußöl in eine Schüssel geben und gut mit einem Schneebesen verschlagen. Es muß ganz trübe aussehen.

Spargel schräg in dünne Scheiben schneiden und zwei Drittel der Marinade darübergießen.

Feldsalat in das restliche Drittel der Marinade geben, leicht durchheben und auf die Teller verteilen.

Den marinierten Spargel auf dem Feldsalat verteilen, zum Schluß die Krabben und etwas gezupften Dill dazu.

So schmeckt roher Spargel!

Pinot – Pinot. Alle Weiß- und Grauburgunder und ihre italienischen Namensvettern von guten Winzern bringen Spaß zu diesem Salat. Freude macht auch ein lebendiger grüner Veltliner Kabinett von Bründlmayer in Österreich.

300 g weißer Spargel, geschält
300 g grüner Spargel, geschält
150 g Feldsalat, geputzt und gewaschen
200 g Nordsee- krabben, frisch gepult
3 EL Apfelbalsam
4 EL Walnußöl

GRÜNER SPARGEL
MIT PARMESAN

2 kg grüner Spargel
0,2 l konzentrierte
Brühe
4 EL Olivenöl
100 g geriebener
Parmesankäse
Pfeffer, ca. 20
Körner, gemörst
Meersalz
4 Eier, taufrisch!!!
Wasser
Weißweinessig,
1 EL auf 1 l Wasser

Vom Spargelende 2–3 cm abschneiden, dann das Grobgrüne leicht anschälen. In kochendem Salzwasser mit einem Stück Butter und einem Hauch Zucker 10 Minuten kochen lassen. Auf ein Geschirrtuch geben und leicht trockentupfen.

Eier in eine Tasse geben und ins leicht siedende Essigwasser gleiten lassen. 3–3,5 Minuten pochieren – Wasser darf nicht kochen und nicht gesalzen werden! Mit zwei Eßlöffeln lassen sich die Eier gut in Form bringen.

Während der Pochierzeit den Spargel verteilen, mit erhitztem Olivenöl, der konzentrierten Brühe, Parmesan, Salz und Pfeffer begießen bzw. bestreuen.

Nun das pochierte Ei aus dem Wasser nehmen, mit Küchenpapier leicht trocknen und auf den Spargel geben.

Wer unbedingt möchte, mit neuen Kartoffeln servieren – auch ohne Ei ein Hochgenuß!

Um 0,2 l konzentrierte Brühe zu bekommen, müssen Sie mindestens 1 l Brühe bei höchster Hitze einkochen lassen. Während des Einkochens mit dem Schneebesen bewegen. Die Brühe nur leicht salzen, vielleicht einen kleinen Hauch Weißweinessig – aber nur, wer möchte.

Ein Sommerhit mit Prosecco Spumante von Col Vetoraz in der trockenen Variante. Der Pinot grigio Benefizium Porer von Alois Lageder in Südtirol macht dieses Gericht zum italienischen Festtagsschmaus.

SPARGEL-
CREMESUPPE

1 kg weißer Spargel
1 l Hühnerbrühe
(siehe unten)
2 Becher süße Sahne
50 g Butter, 30 g Mehl
Salz, Pfeffer, etwas
Muskatnuß
Schnittlauch oder
Kerbel

Spargel schälen und in Stücke schneiden, in der Hühnerbrühe garkochen (15 Minuten). Dann mit einem Stabmixer pürieren, Sahne dazugeben und leicht köcheln lassen.

Butter und Mehl verkneten und in die Suppe rühren – es soll eine leichte Bindung entstehen. Alles noch etwas köcheln lassen – so kocht der eventuelle Mehlgeschmack aus. Mit Muskat, Schnittlauch oder, noch besser, mit frischem Kerbel servieren.

HÜHNERBRÜHE

1 Suppenhuhn,
(1,5 – 2,0 kg)
1 Suppenbund
1 Markknochen
1 Rinderknochen
1 Lorbeerblatt
10 Pfefferkörner
5 Wacholderbeeren
Petersilienstengel
Selleriegrün

Aus Huhn, Knochen, Suppenbund und Gewürzen eine Brühe kochen. Alles mit kaltem Wasser angießen, einmal aufkochen lassen. Groben Schaum abschöpfen und bei kleiner Hitze mit geschlossenem Deckel anderthalb Stunden köcheln lassen. Durch das Kochen mit geschlossenem Deckel bleibt die Brühe klar.

Die Suppe durch ein Sieb passieren und auf 1 l einkochen lassen. Das Hühnerfleisch weiterverarbeiten, für Salat oder Frikassee.

Ein feiner Chassagne-Montrachet, der nicht so eichenholzlastig ist, z. B. von Niellon, macht die Suppe erst zur samtweichen Verführung.

SAUCE HOLLANDAISE

Die Zutaten für die Reduktion in einen Stiltopf geben und auf drei Eßlöffel einkochen lassen.

Das Eigelb mit der Reduktion über dem Wasserbad bei mäßiger Hitze cremig rühren. Butter zerlassen, bis sie flüssig ist – die Molke setzt sich ab. Nun die Butter entweder in einen Topf geben (ohne die Molke) oder vorsichtig zur Eier-Reduktionsmasse geben – und zwar nach und nach unter ständigem Rühren.

Vorsicht!!! Die Sauce gerinnt, wenn das Wasserbad zu heiß ist. Die Butter nicht zu schnell einrühren, und die Wasserbad-Schüssel darf keinen Kontakt mit dem Wasser haben.

Hat die Sauce eine sämige feste Konsistenz erreicht, mit Estragon oder Petersilie und etwas Zitronensaft würzen.

Die Sauce Hollandaise klingt etwas kompliziert, ist sie aber nicht. Probieren Sie in Ruhe, sie schmeckt zu Fisch, Gemüse oder Blumenkohl köstlich.

Aus der Sauce Hollandaise wird eine Béarnaise, wenn man zum Schluß noch Bratenjus zufügt.

Sie können die Hollandaise auch leicht mit Cayennepfeffer würzen – wer möchte. Und die Tütensauce bleibt beim Kaufmann!!!

Die Sauce gibt hier den Ton an und verlangt nach Weinen mit perfekter harmonischer Säure und bestechender Fülle – eben eine trockene Rheingauer Riesling Spätlese vom Schloß Reinhartshausen, Georg Breuer oder Robert Weil.

3 Eigelb
200 g Butter
3 EL Reduktion
etwas Zitronensaft
Prise Salz
Estragon, frisch gehackt, oder Petersilie
REDUKTION:
2 Schalotten
1 Knoblauchzehe, ungeschält, nur gedrückt
1 Lorbeerblatt
10 Pfefferkörner, schwarz
3 Petersilienzweige
1/2 Tasse getr. Estragon
3 EL Weißweinessig
1/2 Tasse Wasser
1/2 Tasse Weißwein, trocken

ESTRAGONSAUCE
(AUFGEMIXTE MAJO)

1 ganzes Ei
Saft ¹/₂ Zitrone
1 Becher Sahne
2 TL mittel-
scharfer Senf
2 EL Weißweinessig
oder Estragonessig
1 EL getr. Estragon
oder frische glatte
Petersilie
¹/₂ Tasse Olivenöl
etwas Salz
Pfeffer aus der Mühle
evtl. Fleisch von
3 Tomaten

Alle Zutaten in einen Topf geben und mit dem Stabmixer aufmixen. Wer keinen Estragon mag, nimmt frische Petersilie und Weißweinessig. Wer möchte, gibt zum Schluß noch entkerntes, enthäutetes und gewürfeltes Tomatenfleisch dazu – köstlich.

Die Sauce sollte eine sämige Konsistenz haben, also eventuell etwas mehr Sahne oder Senf nehmen.

Mit lauwarmem, kleingeschnittenen weißen oder grünen Spargel servieren. Dazu etwas Feldsalat und frisches Baguette.

Estragon spannt den Bogen zu südfranzösischen Roséweinen (Coteaux d'Aix en Provence – Château Revelette) oder gibt ein perfektes Stelldichein mit ehrlichen Sauvignons.

LAUWARMER SPARGELSALAT

500 g Spargel
2 EL Walnußöl
3 EL Apfelessig oder
Apfelbalsam
8 Scampis,
längs halbiert
etwas Feldsalat
15 Pfefferkörner,
schwarz, gemörst

Spargel kochen und in mundgerechte Stücke schneiden, leicht auskühlen lassen. Scampi von Darm und Schale befreien und der Länge nach halbieren. In einer Pfanne in Olivenöl 3–4 Minuten garbraten, etwas salzen.

Aus Apfelessig oder -balsam und Walnußöl eine Marinade rühren. Spargel und Scampi in eine Schüssel geben, mit Marinade verrühren und mit etwas angemachtem Feldsalat servieren. Das Ganze mit gemörstem schwarzen Pfeffer bestreuen – lauwarm ein Hochgenuß!

Jung und frisch muß der Wein sein. Am liebsten trinken wir Weißburgunder von Heger oder einen Silvaner von August Kesseler aus dem Rheingau zu diesem »Muntermachersalat«.

Luigi:

»Wir Italiener, Signore, haben die Pasta erfunden für die ganze Welt – und nicht Marco Polo...«

Tomaten-
Pizza
(Rezept
Seite 28)

TOMATEN-PIZZA

HEFETEIG FÜR
2 BACKBLECHE ODER
4 RUNDE PIZZEN:
500 g Mehl
1 Würfel Hefe
10 g Zucker
Prise Salz
ca. 0,2 l Wasser
3 EL Olivenöl
BELAG:
1 kg Vierländer
Fleischtomaten
2 Pck. Mozzarellakäse
150 g Schweizer Käse
(Emmentaler, Gruyère),
gerieben
Sugo, Pesto
(siehe Rezepte
Seite 29)

Herzhafter Tomatengeschmack, unterstützt von Kräutern, Käse und knusprigem Teig. Die Tomatenpizza – jeder Bissen ein Genuß! Lecker und heiß aus der Hand gegessen oder als ganze Mahlzeit mit einem schönen Glas Wein – da vergißt man, daß es Fertigpizzen gibt.

Hefe und Zucker mischen und flüssig werden lassen. Mehl in eine Schüssel geben, Salz und Hefe dazu und nach und nach Wasser und Olivenöl beigeben. Der Teig ist fertig, wenn er sich leicht vom Schüsselrand löst. Teig zu einer Kugel formen, in eine handwarme Schüssel geben und bedeckt 45 Minuten gehen lassen. Dann nochmals richtig durchkneten und auf einer bemehlten Arbeitsfläche verarbeiten.

Ausgerollten Teig mit Sugo fein einstreichen, mit Tomatenfleisch und Pesto belegen. Mozzarella würfeln, Schweizer Käse (Emmentaler oder Gruyère) reiben und über die Zutaten streuen. Die Oberfläche leicht mit Olivenöl beträufeln!

Im 250–300°C heißen Ofen 15 Minuten ausbacken und servieren. Ist man im Besitz eines Backsteines, verkürzt sich die Backzeit auf 7–8 Minuten.

TIP:

Die Pizza soll saftig, allerdings nicht „überbelegt" sein. Der Boden muß knusprig braun sein. Achtung! Die Garzeiten sind bei jedem Backofen unterschiedlich – also die Pizza ständig kontrollieren. Die Backzeit von 7–15 Minuten kann nur eine Richtlinie sein. Wenn die Pizza fertig ist, brodelt sie gleichmäßig an der Oberfläche.

Nach Lust und Laune können Sie hier zwischen Prosecco und anderen lebendigen Weißweinen wählen – nur die Säure sollte nicht so hoch sein. Eine tolle Kombination ist auch zur italienischen Pizza ein guter Spätburgunder ohne Eichenholzausbau von Heinemann, Keller oder Salwey.

28

PESTO

Alle Zutaten in eine Küchenmaschine geben und zerkleinern. Das Olivenöl nach und nach beigeben. Vom Basilikum
vorher die Stiele abschneiden, den Knoblauch schälen –
logisch. Wer das Pesto schärfer möchte, nimmt etwas mehr
Knoblauch. Das Ganze mit etwas Salz und Zitrone abschmecken. Hält sich im geschlossenen Glas einige Tage im
Kühlschrank.

3 Töpfe oder
2 Bund Basilikum
4 Knoblauchzehen
20 Pinienkerne
4–5 EL Olivenöl
Prise Salz
etwas Zitronensaft

MEIN
TOMATENSUGO

Die Tomaten enthäuten und entkernen. Knoblauch und
Zwiebeln in feine Würfel schneiden. Chilischoten nach
Bedarf von den Kernen befreien und in Streifen schneiden.
Petersilie und Basilikum säubern und kleinhacken.
Lorbeerblätter kleinschneiden.

Alle Zutaten mit Olivenöl, Zucker und Tomatenmark in
einem schweren Topf 40 Minuten bei kleinster Hitze und
geschlossenem Deckel köcheln lassen.

Die Tomatensauce sollte dann eine sämige Konsistenz
haben. Falls nicht, einfach bei geöffnetem Deckel noch weitere 5–8 Minuten kochen lassen.

2 kg frische Tomaten
1 Dose Tomaten, San-
Manzano-Qualität,
ohne Saft (850 g)
2 Zwiebeln
1 Tasse Olivenöl
1 Bund frisches
Basilikum
$1/_2$ EL getr. Thymian
$1/_2$ EL getr. Rosmarin
2 EL Tomatenmark
1 TL Zucker
1 Chilischote
5 Knoblauchzehen
1 Bund Petersilie
2 Lorbeerblätter

BREITE BANDNUDELN ODER FARFALLE MIT BROCCOLI

Broccoli in Röschen geteilt und blanchiert, also nur 3–4 Minuten abgekocht und abgeschreckt
2 Schalotten
2 Knoblauchzehen
0,2 l Hühnerbrühe
1 Becher süße Sahne
50 g Parmesankäse
Olivenöl

Schalotten und Knoblauch in Olivenöl in einer großen Pfanne glasig dünsten, mit Sahne und Wein ablöschen. Parmesan darunter rühren. Blanchierten Broccoli dazugeben und alles 5–8 Minuten langsam köcheln lassen – Sauce und Broccoli sollen sich gut verbinden. Wenn der Broccoli gar ist, die gekochten Bandnudeln dazu geben.

Noch in Olivenöl geröstete Pinienkerne mit dem Öl dazu, etwas geriebenen Parmesan darauf – einfach köstlich!

 Sauvignon blanc schafft zum mineralstoffreichen grünen Kohl die tollsten Akzente.

PETERSILIENMUS

2 Bund Petersilie, ohne Stengel
4 EL Olivenöl,
20 Pinienkerne
1 Zwiebel
2 Knoblauchzehen
2 EL Parmesankäse, gerieben

Alle Zutaten in eine Moulinette geben und zu einem Mus mixen. Eventuell etwas mehr Öl nehmen.

Mit Salz, Pfeffer, Zitronensaft abschmecken. Wer es schärfer möchte, nimmt etwas mehr Knoblauch und, wenn es sein muß, Chili.

 Petersilie verlangt geradezu nach Sauvignon blanc mit fruchtig-intensiver Note und mächtig viel Charakter.

SPAGHETTI BOLOGNESE

Zwiebeln, Knoblauch und Suppenbund in reichlich Oliven-öl andünsten. Das Hackfleisch zufügen und anbraten lassen. Dann Tomatenfleisch von Dosentomaten, entkernt und ohne Saft, Tomatenmark und den gekochten, in feine Streifen geschnittenen Schinken beigeben.

Alles gut miteinander vermengen, dann mit Brühe und Rotwein ablöschen, als Gewürz Petersilie, Salz, Pfeffer und Thymian dazu. Eventuell mit etwas Zucker abschmecken.

Alles eine Stunde bei kleinster Hitze köcheln lassen, die restlichen 15 Minuten bei offenem Deckel – so kocht die Bolognese schön ein. Mit frisch gekochten Spaghetti servieren und alles mit frischem Parmesan bestreuen – oberlecker!

Für die Bolognese nur erstklassige Produkte verwenden, also keinen billigen Preßschinken und Dosentomaten für 99 Pfennig. Und die Brühe muß selbstgekocht sein – also doch etwas Arbeit, so eine leckere Bolognese. Deshalb immer größere Mengen kochen – sie läßt sich prima einfrieren!

Das Gericht ist einfach für Barbera aus dem Piemont gemacht. Probieren Sie mal die Weine von den jungen Aufsteigern Paruso, Luigi Scavino, Silvio Grasso oder Bertelli.

300 g Rinderhack
200 g gemischtes Hack
2 Zwiebeln, klitzeklein geschnitten
1 Suppenbund, ebenfalls kleingeschnitten
2 Knoblauchzehen
1 Dose Tomaten, 800 g
2 EL Tomatenmark
$^1/_4$ l Fleischbrühe
200 g gekochter Schinken
1 Bund Petersilie
0,1 l Rotwein (Chianti)
1 EL getr. Thymian
Salz, Pfeffer
Olivenöl

SPAGHETTI MIT RUCOLA, BRÜHE UND SPECK

*500 g Spaghetti
200 g durchwachsener
Speck
¹/₂ l Fleischbrühe
1 Bund Rucolasalat
Olivenöl*

Speck in feine Scheiben schneiden, beim Rucola den Strunk entfernen und ebenfalls in Streifen schneiden. Dazu einfach 5 bis 6 Strünke zusammennehmen und mit einem scharfen Messer gleichmäßig fein schneiden. Speck und Rucola mit Olivenöl in einem großen Topf andünsten, mit Brühe aufgießen und etwas einkochen lassen. Spaghetti kochen – nicht abschrecken – und zu Speck und Rucola geben. Alles gut verrühren, eventuell noch etwas Brühe hinzugeben und mit schwarzem, gemörsten Pfeffer würzen und servieren. Die Spaghetti sollten saftig und bißfest sein, also vorsichtig: Nicht zuviel Brühe nehmen, sie dürfen darin nicht ersaufen!! Wer möchte, streut noch geriebenen Parmesan darüber und hält genug Chianti bereit.

Ob Rotweine wie Barbera oder Chianti oder Weißweine wie ordentliche Grauburgunder mit Charakter oder Sauvignons mit Fülle – sie bieten ein Gegenspiel zum dominierenden Speck und dem kräftigen Rucolasalat.

VITELLO TONNATO

*1 kg Kalbfleisch (Keule)
1 Suppenbund
2 Kalbsknochen
1 Lorbeerblatt
5 Pfefferkörner
2 Wacholderbeeren
¹/₂ EL getr. Thymian
¹/₂ EL getr. Rosmarin
1 Zwiebel (auf der
Herdplatte in Alufolie
schwarz rösten)
SAUCE:
2 Dosen Thunfisch
à 100 g, 1 Eigelb
10 Sardellenfilets
20-25 St. Kapern
¹/₄ l Brühe
4 EL Olivenöl
1 TL Tomatenmark
Salz, Pfeffer, Zitrone*

Das Kalbfleisch mit den Gewürzen und dem Suppenbund bei mittlerer Temperatur und geschlossenem Deckel anderthalb Stunden köcheln lassen. Es ist dann noch saftig und leicht rosa.

In der Brühe auskühlen lassen, dann herausnehmen und in dünne Scheiben schneiden. Mit der Thunfischsauce und einigen ganzen Kapern servieren.

Für die Sauce alle Zutaten in eine Schüssel geben. Brühe vom Fleisch dazu und alles mit dem Stabmixer pürieren. Die Sauce ist reine Geschmackssache, also eventuell weniger Sardellen, dafür etwas mehr Zitronensaft oder sogar Weißweinessig. Vielleicht etwas mehr Olivenöl?

Entscheiden Sie selbst, die Grundrezeptur ist gegeben.

Mit dem Aperitif gleich weitermachen! Hierzu schmecken die Spumante von Ca' del Bosco oder die guten Winzersekte in Deutschland oder – klassisch – ein Glas Champagner hervorragend.

LAMMRAGOUT MIT PENNE RIGATE

*Fleisch von einer
Lammschulter
Olivenöl
1 Suppenbund,
1 Zwiebel, klitzeklein
geschnitten
5 Sardellenfilets,
zerdrückt
je 1 TL Thymian,
Rosmarin, getrocknet
20 schwarze Oliven
0,5 l Rotwein,
(Chianti, Côte du
Rhône)
0,2 l Wasser
3 Knoblauchzehen,
halbiert
1 Zweig
frischer Salbei
5 Dosentomaten ohne
Saft und Kerne,
gewürfelt*

Ein Fleischragout bekommt sein unnachahmliches Aroma vom stundenlangen langsamen Köcheln. In einem schweren Topf geschmort, ist es der ideale Begleiter für Pasta. Ob es nun ein Ragout aus Schweine-, Wild-, Rind-, oder Kaninchenfleisch ist.

Ich koche mein Lammragout in einem gußeisernen Topf und schmore es höchstens 2 Stunden. Dabei muß das Fleisch von der Flüssigkeit bedeckt sein. Für gutes Gelingen ist die Qualität des Olivenöls von großer Bedeutung – also keine billigen Blechdosen im Supermarkt kaufen.

Vom Fleischermeister eine Lammschulter entbeinen lassen und das Fleisch in mundgerechte Stücke schneiden, die Knochen kleinhacken lassen und mitkochen – gibt ein schönes Aroma.

Fleisch salzen und pfeffern und in Olivenöl kräftig anbraten, Suppenbund, Knoblauch und Zwiebeln dazu. Sämtliche Gewürze beigeben, Tomaten ohne Saft und Kerne, Oliven, Sardellen, Knochen.

Mit Rotwein und Wasser ablöschen, so daß alles bedeckt ist. Mit etwas Salz und Pfeffer würzen, vielleicht noch Zitrone dazu, dann ganz langsam köcheln lassen. Im Sommer frische Kräuter und Tomaten verwenden!

*Hier können Rotweinfreaks aus dem vollen schöpfen.
Ob Cabernets aus Kalifornien, toskanische Crus oder gute
Bordelaiser Gewächse – das Lammragout spannt den Bogen
zu Tannin, Frucht und Körper bestens.*

KANINCHENRAGOUT MIT BANDNUDELN

Fleisch vom Knochen lösen, Knochen hacken. Das Fleisch in mundgerechte Stücke schneiden, salzen und pfeffern. In Olivenöl anbraten. Den Rückenstrang auch in Stücke schneiden, aber nach dem Anbraten zur Seite legen. Er darf nur zum Schluß 8–10 Minuten mitschmoren, sonst wird er zu trocken. Unbedingt ein scharfes Messer benutzen!

Nun alle Zutaten zum angebratenen Fleisch geben und mit Wein und Wasser ablöschen – Senf dazu und bei geschlossenem Deckel 2 Stunden ganz leise köcheln lassen. 10 Minuten vor Bratende die angebratenen Rückenfilets dazu – mit Salz, Pfeffer und Zitrone abschmecken und mit Pasta servieren.

Ein Gericht der Toscana. Kein Wunder, daß zu dem herzhaften Pastagang die Chiantis der Superwinzer und die guten Rotweine aus Montepulciano am besten passen.

1 Hauskaninchen, mittelschwer
1 Suppenbund, klitzeklein geschnitten
2 Knoblauchzehen, durchgepreßt
1 Chilischote,
1 Lorbeerblatt, kleingeschnitten
1 Bund Petersilie
0,5 l Brühe
0,2 l Weißwein, trocken, kein Riesling
2 EL mittelscharfer Senf
Thymian, Rosmarin oder Oregano – Menge nach Bedarf
1 Zweiglein Salbei
Olivenöl, Salz, Pfeffer

BANDNUDELN MIT PARMESAN UND BRAUNER BUTTER

Mein Leibgericht, wenn es um Nudeln und Käse geht. Dieser Duft von frisch geriebenem Käse, dazu das Nußaroma der braunen Butter und die Bandnudeln, da in Brühe gekocht, von höchster Qualität – wirklich traumhaft.

Genaue Mengenangaben sind nicht möglich, nur soviel: nicht an Parmesan und Butter sparen. Die Brühe läßt sich nach dem Kochen gut einfrieren.

Die Nudeln in gesalzener Brühe – bißfest – garkochen, nicht abschrecken, auf einem Teller plazieren. Dazu braune Butter, frischen Parmesan und gemörsten schwarzen Pfeffer – fertig.

Zum Parmesan heißt es vor allem: Reif muß der Wein sein, damit er dem Käse ein gutes Pendant sein kann. Ob Sie nun eine in Würde gealterte Riesling-Spätlese oder -Auslese oder einen nach Veilchen und Trüffel duftenden Barolo wählen, bleibt Ihnen überlassen.

500 g Bandnudeln, schmal (Tagliatelle)
Rinderbrühe zum Kochen (mind. 1$\frac{1}{2}$ l)
Parmesankäse, frisch
braune Butter (mind. 200 g)
schwarzer Pfeffer

RISOTTO
KLASSISCH

*500 g Reis, Vialone
oder Arborio
2 Schalotten
2 Knoblauchzehen
1 l Fleisch- oder
Hühnerbrühe
0,2 l trockener
Weißwein,
kein Riesling
(Weißburgunder,
Rivaner)
100 g Parmesankäse,
gerieben
Frische Kräuter,
feingehackt oder
feingeschnitten,
insgesamt 1 Tasse voll:
Schnittlauch,
Basilikum, glatte
Petersilie
2 EL Butter
Olivenöl
500 g Broccoli
evtl. Kalbs- oder
Rinderfilet*

Schalotten klitzeklein schneiden, Knoblauch durch eine Presse drücken, beide in einem schweren Topf in Olivenöl andünsten. Den Reis beigeben und unter ständigem Rühren alles mit dem Öl verbinden.

Dann etwas Brühe und etwas Wein aufgießen – ständig rühren – und nach und nach den restlichen Wein und Brühe unter den Reis mischen.

Die Herdplatte muß auf mittlerer Hitze stehen, und es muß ständig gerührt werden. Der Reis nimmt die Flüssigkeit auf – die Flüssigkeit verdampft. Also nochmal: weiterrühren und Brühe zugeben. Gesamte Garzeit: 20–25 Minuten.

Zum Schluß den geriebenen Parmesan, die Butter, Salz und Pfeffer dazu. Von der Herdplatte ziehen und frische Kräuter unterrühren. Eventuell mit etwas Zitrone abschmecken.

Dazu in kochendem Wasser blanchierte Broccoli geben und, wer möchte, ein Stück Kalbs- oder Rinderfilet.

Die Broccoli dürfen nach dem Blanchieren in viel Butter geschwenkt werden und mit Muskat, Salz und Pfeffer abgeschmeckt sein. Wer möchte, würzt sie statt mit Butter mit Olivenöl und Knoblauch.

Ein Sauvignon blanc aus Italien, von der Loire oder aus der Neuen Welt kann dieses so einfache und doch so feine Gericht sehr gut begleiten. Auch ein Arneis aus dem Piemont – die seltene weiße Rebsorte unterstreicht die Samtigkeit des Gerichts auf schönste Art und Weise.

RAVIOLI MIT RICOTTA-FÜLLUNG

Die Zutaten mit einem Rührgerät zu einem geschmeidigen Teig verarbeiten, eventuell etwas mehr Öl oder Wasser beigeben. Anschließend in Folie verpackt 30 Minuten ruhen lassen – bitte nicht im Kühlschrank. Den Teig mit einer Nudelmaschine ausrollen, die Teigbahnen auf eine bemehlte Fläche legen.

Für die Füllung den Ricotta mit den kleingeschnittenen Zutaten verrühren, die Knoblauchzehen vorher in Olivenöl andünsten und dann zur Füllung geben.

Die Füllung auf den Teigbahnen verteilen und etwa 10 x 10 cm große Quadrate mit einem Kantenroller ausrollen. Darauf legt man eine weitere ausgerollte Teigbahn, rollt die Ravioli erneut ab, drückt die Ränder an und kocht die Ravioli in leicht siedendem Salzwasser 5–7 Minuten.

Serviert werden die fertigen Ravioli mit stark eingekochter Hühnerbrühe und frischem Parmesankäse.

Eine wesentliche Arbeitserleichterung ist die Anschaffung eines Kantenrollers (7 bis 12 Mark) und einer handbetriebenen Nudelmaschine (40 bis 100 Mark je nach der Ausstattung).

Es gibt auch hervorragenden Vernaccia di San Gimignano. Den gilt es für Sie zu suchen, denn er begleitet dieses Lieblingsgericht für alle Tage meisterhaft. Fragen Sie nach jungen, qualitätsbewußten Produzenten wie der Fattoria di Fontaleoni oder dem bereits berühmten Haus Teruzzi & Puthod.

RAVIOLITEIG:
500 g Mehl
4 ganze Eier
2 Eigelb
2 TL Olivenöl
2 EL oder
mehr Wasser
Salz
FÜLLUNG:
300 g Ricotta
1 Bund oder Topf
Basilikum
Fleisch von
4 Dosentomaten
2 oder mehr
Knoblauchzehen,
durchgepreßt
Salz
Hühnerfond
Parmesan, frisch

Detlef mit *f*:

»So Würstchen vom Feuer hat schon was«

LAMMFLEISCH-SANDWICH

ZUTATEN FÜR 4
SANDWICHES:
400 g Lammfleisch
aus der Keule
Thymian
Rosmarin
Olivenöl
Fleisch von 2 Tomaten
Senf, Salatblätter
Oliven, entkernt und
kleingeschnitten

Lammkeulenfleisch salzen, pfeffern und Thymian, Rosmarin und Olivenöl einreiben. Dann in einer schweren Pfanne in Olivenöl von allen Seiten anbraten und für 50 Minuten bei 180°C in den Backofen. Erkalten lassen und aufschneiden.

Kastenweißbrot mit Aioli bestreichen, Lammfleisch, Senf, Oliven, Tomaten, Salatblatt darauf und reinbeißen.

Sommerweine mit frischer Säure und lebendiger Kohlensäure sind die besten Begleiter zu den leckeren Broten. Hier kommt es vor allem auf die erstklassige Vinifikation der Weine an. Also nur von den Top-Winzern und da ruhig auch mal die »Brot-und-Butter-Weine«.

SCHWEINEFILET-SANDWICH

ZUTATEN FÜR 4
SANDWICHES:
8 Scheiben
Kastenweißbrot
150 g Schweinefilet
getr. Thymian und
Rosmarin
Salz und Pfeffer
grüne Gurke
Salatblätter
AIOLI:
(siehe Rezept
Seite 43)

Schweinefilet als ganzes Stück kaufen, mit Thymian, Rosmarin, Salz und Pfeffer würzen und in Olivenöl 13–15 Minuten braten – dabei ständig mit dem Bratöl begießen. Vorerst das Filet natürlich scharf anbraten, dann bei mittlerer Hitze weiter garen.

Kastenweißbrot mit Aioli bestreichen, ausgekühltes, in Scheiben geschnittenes Filet dazu, Gurke und Salat und fertig. Ein köstlich saftiges Sandwich!

Wer kein Schweinefilet mag, nimmt Thunfischfleisch aus der Dose (mindestens 2,49 bis 3,99 Mark). Menge für 4 Sandwiches: 2 Dosen!

Siehe oben!

LAMM-
FRIKADELLEN

500 g Lammhack
80 g Schafskäse
1 Ei
2 EL Paniermehl
1 EL getr. Thymian
2 EL Kapern,
zerhackt
6–7 Sardellenfilets,
klitzeklein geschnitten
2 Knoblauchzehen,
grünen Kern entfernen
und zerdrücken
1 Bund frische
Petersilie, gehackt
3 Schalotten, klitze-
klein geschnitten
Pfeffer und evtl.
etwas Salz
SAUCE:
2 rote Paprika-
schoten, geschält
1 Becher Crème
fraîche
$^1/_2$ Becher
süße Sahne

Frikadellen aus normalem Hackfleisch findet man auf jedem Küchenzettel. Meine Version dagegen unterscheidet sich stark von einfachen Klopsen. Denn sie sind aus Lammhack und haben statt langweiliger eingeweichter Brötchen würzige Sardellen und Kapern als Füllung. Der Kern meiner Lammfrikadellen besteht aus Schafskäse.

Das Lammhack bekommt man bei jedem Metzgermeister fertig durchgedreht, die Paprikaschoten sollten nicht aus Holland kommen und unbedingt geschält werden. Die Sardellenfilets schmecken am besten, wenn sie in Salz eingelegt sind.

Die Zutaten gut mit der Hand vermischen, eventuell etwas salzen oder ein paar Sardellenfilets mehr beigeben. Diese Frikadellen mit Schafskäse füllen, pro Klops einen gehäuften Teelöffel Käse. Unbedingt Schafskäse von weicher Qualität kaufen (Schafsrolle), der vom türkischen Gemüsehändler ist zu hart.

Olivenöl in der Pfanne erhitzen und die Frikadellen erst bei höchster, dann bei mittlerer Hitze etwa 10 Minuten von beiden Seiten braten.

Für die Sauce die geschälten Paprika (geht prima mit einem Sparschäler) in mundgerechte Stücke schneiden und in etwas Wasser in einem Topf gardünsten. Das dauert etwa 7–8 Minuten.

Dann in einem Mixer mit der Crème fraîche und der Sahne vermischen, hinterher wieder kurz erhitzen.

Diese köstliche Sauce zu den Frikadellen geben, dazu etwas Fladenbrot.

Zu diesem herzhaften Gericht paßt ein Pinot noir
aus Baden oder ein Lemberger aus Württemberg (von
Adelmann) sehr gut. Eine gute Frucht und Länge des
Spätburgunders, und dies nicht allzu warm, sondern ideal
bei 14 Grad, ist ein großes Sommervergnügen.

GANZES HUHN
MIT DREI SAUCEN

Huhn säubern, salzen, pfeffern und die Haut an der Brust lösen. Hier schiebt man an jedes Brustfilet zwischen Haut und Fleisch ein Rosmarinzweiglein.

Huhn für 50–60 Minuten in die Bratröhre stecken – mindestens einmal wenden und immer mit der Bratflüssigkeit oder Wasser begießen. Die Keulen leicht einstechen während der Bratzeit.

Huhn auskühlen lassen und mit den Saucen servieren.

Im Ofen geschmortes Geflügel muß während der Bratzeit gepflegt werden – ständig begießen, einstechen und nicht aus den Augen lassen, zum Bratende (für die letzten 10 Minuten) Oberhitze einschalten.

Brathuhn
(1,2–1,5 kg)
Salz
Pfeffer
2 Rosmarinzweige

TOMATENVINAIGRETTE

Tomatenfleisch fein würfeln, mit Öl und Essig verrühren und mit einem Hauch Zitrone würzen – eventuell etwas Meersalz.

Fleisch von
4 Tomaten
4 EL Olivenöl
3 EL Balsamessig
etwas Salz und
Zitronenessig

AIOLI *(extra-stark zum Huhn)*

Alle Zutaten im Mörser langsam und behutsam zermörsen. Olivenöl nach und nach zur Ei-Knobi-Masse geben – Menge je nach Konsistenz des Eigelbes – und mit etwas Pfeffer, Salz und Zitronensaft abschmecken.

15 Knoblauchzehen
2 Eigelb
Saft ¹/₂ Zitrone
etwas Pfeffer, Salz
3–5 EL Olivenöl

SCHNELLE MAYONNAISE

Alle Zutaten in einen Topf geben und aufmixen, mit Salz abschmecken – kein Pfeffer!

Cava Ultra Brut aus Spanien ist immer nach traditioneller Champagnermethode hergestellt und kann dieses ideale Picknickgericht bestens begleiten. Auch die trockenen Rosés aus Südfrankreich spannen den Bogen der drei Saucen von der Tomate bis zum Knoblauch.

2 ganze Eier
1 Becher süße
Sahne (200 g)
4 EL Olivenöl
Saft 1 Zitrone
2 EL mittelscharfer
Senf
wer möchte:
1 Kapsel Safran
¹/₂ Bund frische
Petersilie

Ganzes Huhn
mit drei Saucen
(Rezept
Seite 43)

GEFÜLLTE
CHAMPIGNONS

6 große Champignons
100 g Schweizer Käse,
Salz, Pfeffer, Zitrone
Duxelles
(nach Rezept)

Von den großen Champignons die Stiele abschneiden (mitverwenden für Duxelles), säubern und mit Salz, Pfeffer und Zitrone würzen. Mit dem fertigen Duxelles füllen, mit geriebenem Käse bestreuen und mit Butterflocken belegen und für 20 Minuten in einer Auflaufform in den Ofen schieben – köstlich zu Lamm, Steak oder solo mit Brot!

CHAMPIGNONPÜREE (DUXELLES)

300 g Champignons,
weiß
2 Schalotten,
klitzeklein
50 g Butter
¹/₂ Bund frische
Petersilie
1 EL Zitronensaft
Salz, Pfeffer
wer möchte:
2 Knoblauchzehen,
durchgepreßt

Champignons mit einem feuchten Tuch säubern und sehr fein hacken – Stiele mitverarbeiten. Diese Champignonmasse in ein Geschirrtuch geben und die Flüssigkeit ausdrücken. Schalotten klitzeklein schneiden, in Butter andünsten, die Champignonmasse zufügen, mit Salz, Pfeffer und Zitrone würzen. Wer möchte, nimmt etwas Knoblauch. Die Pilze saugen die Butter sehr schnell auf, also eventuell etwas mehr als 50 g nehmen. Die Petersilie beigeben und alles 3 Minuten dünsten lassen, bis alle Flüssigkeit verdampft ist.

Nun nochmals abschmecken, vielleicht fehlt noch etwas Zitrone, Pfeffer oder Salz. Das fertige Püree sollte schon kräftiger schmecken. Diese Menge reicht, um vier große Champignons zu füllen, oder für ein kleines Gratin.

Subtile, zart-fruchtig-würzige Weißweine wie Sauvignon blanc, Riesling oder Chardonnay oder elegant-fruchtige Pinots noirs passen bestens zu den gefüllten Pilzen.

CHAMPIGNON-
KARTOFFEL-GRATIN

Champignon-Duxelles
(siehe oben)
10 festkochende
Kartoffelknollen
1 Becher Sahne, 250 g
Salz, Pfeffer, Muskat
50 g Parmesankäse,
gerieben
Butter

Gratinform ausbuttern, Kartoffeln schälen und in 3–4 mm dicke Scheiben schneiden oder hobeln. Champignon-Duxelles nach Rezeptur herstellen. Eine Schicht Kartoffeln in die Form legen, salzen, pfeffern und mit Muskat würzen. Darauf das ganze Duxelles geben – dabei die Masse gründlich verstreichen. Auf diese Schicht kommen die restlichen Kartoffel – wieder würzen. Nun alles mit Sahne begießen, mit Käse bestreuen und mit Butterflocken belegen. Für 40 Minuten bei 108°C in den vorgeheizten Backofen geben. Sollte die Käseschicht verbrennen, mit Alufolie abdecken. Schmeckt kalt oder lauwarm sehr gut – ideal für's Picknick.

GRILLPAKET ROTBARSCH

Grillen im eigenen Saft – tolles Aroma, sanftes Garen. Zudem sind die Grillpakete gut vorzubereiten.

Verspeist wird direkt aus der Folie, dazu frisches Brot oder gegrillte Folienkartoffeln.

Rotbarschfilets von eventuellen Gräten befreien, salzen, pfeffern, mit Zitrone würzen, mit den Zutaten und einem großen Stück Butter belegen.

Für 10 Minuten auf den Grill.

6 Scheiben Rotbarschfilet à 100–130 g
200 g Krabbenfleisch
100 g durch-wachsener Speck
Fleisch von 4 Tomaten
1 Bund Petersilie
Butter
Zitronensaft

 *Hier kommen durch das Grillen Röstaromen ins Spiel, die nach Weinen mit Gerbstoff und Fülle verlangen. So können Sie zu den Fischen vollmundige Rotweine mit Stoff genießen. Auch da gilt die Neue Welt als sicherer Lieferant für Cabernets, Merlots oder die fantastischen Shiraz aus Australien.*

GRILLPAKET SAIBLING

Von den Frühlingszwiebeln das Weiße und Hellgrüne in feine Streifen schneiden. Saiblingsfilets auf Alufolie legen, Frühlingszwiebeln und Champignons dazu, mit Limonensaft würzen und Kräuterbutter beigeben.

Garzeit wie Rotbarsch 10 Minuten.

KRÄUTERBUTTER

Durchgepreßten Knoblauch mit den Schalotten in Olivenöl andünsten – unter leichtem Rühren 5–6 Minuten leicht dünsten lassen –, zur Butter geben, Kräuter und Meersalz dazu. Eventuell noch etwas Olivenöl, alles verrühren und kaltstellen.

Als Kräuter eignen sich auch frischer Thymian und Rosmarin, Kerbel oder Basilikum.

Ich habe mir zuletzt Rucolasalat fein gehackt und unter die Butter-Schalotten-Knobi-Mischung gegeben – sehr lecker!

6 Saiblingsfilets à 100 –130 g
2 Bund Frühlingszwiebeln
150 g Champignons, frisch, hell
Saft von 3 Limonen
KRÄUTERBUTTER:
1 Packung Butter (250 g)
2 Knoblauchzehen, durchgedrückt
2 Schalotten, klitzeklein geschnitten
je 1 gehäufter EL Thymian oder Rosmarin, Kerbel oder Basilikum, Petersilie, gehackt
Olivenöl
Meersalz

 *Siehe oben!*

Manni:

»Meine Mama kocht am besten«

MEINE FEINEN SENFEIER

EIER NACH BELIEBEN
1 Tasse Weißwein
3-4 EL Essig
Salz
SAUCE:
1 Schalotte,
¹/₂ Bund
Frühlingszwiebeln
2 Becher süße
Sahne à 200 g
0,2 l Fleischbrühe
4 EL Senf
1 geh. EL Petersilie,
1 geh. EL Schnitt-
lauch (oder mehr)
Butter

Frühlingszwiebeln putzen und das Dunkelgrüne entfernen, dann in Streifen schneiden, Schalotten in feine Würfel schneiden, beides in Butter glasig andünsten. Mit Brühe und Sahne ablöschen, Flamme auf kleinste Hitze herunterschalten, dann Senf unterrühren. Probieren Sie ruhig eine Mischung aus zwei Senfsorten – wie wäre es mit Kräuter- und Löwensenf? Wunderbar.

Die Sauce zu einer sämigen Konsistenz einkochen lassen, etwa 5–7 Minuten, dann ist auch die Schalotte gar. Nun gehackte Petersilie oder Schnittlauch nach Bedarf hinzu – wer möchte, auch beides – und mit den pochierten Eiern servieren.

EIER POCHIEREN

Ein pochiertes Ei schmeckt eleganter und feiner. Es wird ohne Schale in leicht siedendem Essigwasser gekocht.

Zunächst den Weißwein und 3–4 EL Essig ins Wasser geben – nicht salzen! – und richtig aufkochen lassen, so daß es leicht sprudelt. Die Eier einzeln in eine Tasse geben und langsam ins siedende Wasser gleiten lassen. Nach 4 Minuten das Ei mit einem Schaumlöffel aus dem Wasser heben und auf Küchenkrepp leicht trocknen.

Um gleichmäßige Garzeiten für die Eier zu erhalten, ruhig vorher alle einzeln in je eine Tasse geben. Ich habe oft eine ganze Tassensammlung am Herd stehen – und alle wissen dann, es gibt Senfeier. Das Eiweiß sollte beim Kochen das Eigelb umhüllen, notfalls mit 2 Eßlöffeln in Form bringen. Wichtig für's Gelingen: unbedingt frische und gekühlte Eier benutzen.

Als »Senfwein« kann man den Chardonnay aus Chablis oder Österreich bezeichnen (Morillon). Auch Spätburgunder Rotwein mit langer voluminöser Frucht oder die »neuen« Dolcettos aus dem Piemont passen hervorragend zu den Senfeiern. Aber das liegt an dem Vorurteil, daß Eier wegen ihres natürlichen Schwefelgehaltes und weil sie angeblich den Gaumen mit einem dünnen Filz überziehen gar keine so glückliche Partnerschaft bieten.

GLASIERTE ÄPFEL IN KARTOFFELBREI

3 Äpfel (Boskop,
Jamba, Jena)
Zitronensaft
1 EL Zucker
Klacks Butter

Äpfel schälen und entkernen und in mundgerechte Würfel schneiden. In einer Pfanne in Butter andünsten, mit etwas Zucker und Zitronensaft bestreuen und gut 5 Minuten köcheln lassen. Diese goldgelben Apfelwürfel unter normal gekochtes Kartoffelpüree heben.

Zu Wild, Wildente oder Gänsebraten (zu Weihnachten) servieren.

APFELKOMPOTT

4 Äpfel (Boskop,
Jamba, Jena)
0,2 l Apfelsaft
4 Schalotten, geviertelt
1 Schnapsglas
Apfelbrand oder
Calvados,
ersatzweise Grappa
etwas Zitronensaft
1 Chilischote, rot,
klein, scharf, halbiert
1 nußgroßes Stück
Ingwer in Scheiben
Butter zum
Andünsten

Äpfel schälen, entkernen und in mundgerechte Würfel schneiden. In Butter andünsten, Schalotten, Chili und Ingwer dazugeben und mit Apfelsaft und einem Schnaps aufgießen.

Alles bei kleinster Hitze ca. 15 Minuten köcheln lassen, die Apfelwürfel sollten noch etwas Biß haben, Ingwer und Chili haben ihr ganzes Aroma verteilt, dann kann man nur noch mit etwas Zitronensaft abschmecken.

Schmeckt traumhaft lecker zu Kalbsleber, Grützwurst oder rosa gebratenem Kalbsfilet.

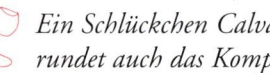 *Ein Schlückchen Calvados rundet auch das Kompott ab.*

OSTERSALAT – EI, GRÜNER SPARGEL, RUCOLA

Rucolasalat säubern, trocknen und in mundgerechte Stücke schneiden. Spargel am Ende schälen, in kochendem Salzwasser 10 Minuten kochen, auskühlen lassen und klein schneiden. Ananas in mundgerechte Stücke schneiden. Eier 8–10 Minuten kochen, abschrecken und vierteln. Champignons säubern und in feine Streifen schneiden.

Alle Zutaten zu einem Salat verrühren – die Eierviertel und den grob gehobelten Käse zum Schluß beigeben – und mit der Vinaigrette vorsichtig, aber gut verrühren.

Nun die Eiersahne aufmixen – dazu alle Zutaten in einen Topf geben und mit einem Stabmixer mixen.

Salat auf die Teller verteilen, mit der Eiersahne übergießen und mit frischem Osterbrot genießen.

6 Eier
1 kleines Bund Rucolasalat
$^1/_2$ frische Ananas
100 g frischer, deutscher Gouda, grob gehobelt!
4 Champignons, frisch
12 Stangen grüner Spargel
VINAIGRETTE:
3 EL Olivenöl
2 EL Balsamicoessig
EIERSAHNE:
2 ganze Eier
1 EL Senf, mittelscharf
Saft 1 Zitrone
$^1/_2$ Becher süße Sahne (200 g)
4 EL Olivenöl
Cayennepfeffer, Salz

OSTERBROT

Etwa 200 g Mehl in eine vorgewärmte Schüssel geben. Die Hefe zerbröckeln und mit etwas Zucker und der lauwarmen Milch verrühren, so daß ein Vorteig entsteht. Mit etwas Mehl bestäuben, zudecken und an einem warmen Ort aufgehen lassen.

Nach ca. 20 Minuten werden die lauwarme, flüssige Butter, der restliche Zucker, die Eier, der Abrieb von Zitronen- und Orangenschale und eine Prise Salz zugegeben. Den Teig so lange schlagen, bis er fest ist und sich von der Schüssel löst. Nun die Rosinen unterheben, zudecken und bis zu doppelter Größe aufgehen lassen.

Den Teig zusammenschlagen und ca. 10 runde Kugeln formen, auf ein bebuttertes und bemehltes Backblech setzen und nochmals ca. 15 Minuten aufgehen lassen, mit Eigelb bestreichen und bei mittlerer Temperatur (180–200°C) 20–25 Minuten goldgelb backen.

Mit Korianderbutter servieren.

OSTERBROT:
560 g Mehl
30 g Hefe
120 g Zucker
$^1/_8$ l Milch
220 g Butter
2 ganze Eier
2 Eigelb
Abrieb $^1/_2$ Zitrone
Abrieb $^1/_2$ Orange
Salz Rosinen
1 Eigelb zum Bestreichen
KORIANDERBUTTER:
125 g Butter und 1 TL Koriander, gemahlen – beides leicht verrühren

Wichtig ist, zum Ei und zum Spargel einen säurearmen Wein auszuwählen. Favoriten sind hier die Friauler Weißen aus Tocai- oder Ribollatrauben und feine Weiß- und Grauburgunder.

MEINE TOMATENSUPPE MIT KÄSEKLÖSSCHEN

FÜR 2,5–3 L BRÜHE:
Suppenfleisch 1,5–2,0 kg
(Hochrippe, Querrippe)
¹/₂ geräuchertes Eisbein
oder ¹/₂ geräucherter
Schinkenknochen
1 Suppenbund
1 geschwärzte Zwiebel,
1 Lorbeerblatt
5 Pfefferkörner
5 Wacholderbeeren
1 TL getr. Thymian
1 TL getr. Rosmarin
FÜR DIE SUPPE:
1 Knoblauchzehe,
ungeschält ausgedrückt
20 Freilandtomaten
1 Dose Tomaten,
San Marzano, 800 g
200 g Tomatenmark
2 Zwiebeln,
2 Knoblauchzehen,
klitzeklein, Olivenöl
1 Bund Basilikum, frisch
¹/₂ Bund frische Petersilie
Salz, Pfeffer, evtl.
Cayennepfeffer
¹/₂ TL Zucker
KÄSEKLÖSSCHEN:
250 g geriebener
Gruyère oder Appenzeller
1 Eigelb, 3 EL Olivenöl
WEITERE EINLAGEN
NACH GESCHMACK:
Bratwurstbällchen
Basmatireis
Knoblauchwurst

Aus den Zutaten eine Brühe kochen. Zwiebel und Knoblauch in Olivenöl glasig andünsten, die Brühe durch ein feines Sieb in den Topf gießen. Tomatenfleisch – enthäutet, entkernt, geviertelt –, Tomaten aus der Dose – ohne den Saft, aber entstrünkt und entkernt –, Tomatenmark, Petersilie, Basilikum und das Suppenfleisch, kleingeschnitten, dazugeben.

Mit Salz, Pfeffer und einem Hauch Zucker würzen. Die Suppe sollte eine sämige Konsistenz haben – eventuell etwas mehr Tomatenmark nehmen.

Alles ohne Deckel ca. 20–25 Minuten durchköcheln lassen - das Tomatenmark entfaltet sein ganzes Aroma.

Aus geriebenem Schweizer Käse, Eigelb und Olivenöl eine geschmeidige Masse kneten. Daraus eine Wurst formen und 1 Stunde im Kühlschrank ruhen lassen. – Die Klößchenmasse am besten vor dem Abkochen der Brühe herstellen. – Die Masse dann in Scheiben schneiden und Klößchen formen, diese 5–6 Minuten vor Kochende in die Suppe geben.

Wer keinen Käse mag, formt Bratwurstmasse zu Klößchen und läßt diese in den letzten Minuten mitköcheln.

Zur Suppe paßt am besten Fladenbrot oder – wenn's sein muß – Reis.

Generell heißt es, Vorsicht mit Tomaten!
Ihr salzig-würzig-süßliches Aroma kann Weine unangenehm verändern. Vor allem gerbstoffbetonte Weine schmecken noch härter, und die Säure wirkt aggressiv. Wir mögen zur Tomatensuppe einen Rivaner vom Johner aus Baden oder einen fruchtig-frischen Dolcetto von Azelia aus dem Piemont. Also Rot- oder Weißwein je nach Belieben und je nach Beigabe oder Nachspiel.

POCHIERTES EI
MIT KERBELSAUCE

4 Eier
Wasser
3-4 EL Essig
SAUCE:
2 Bunde oder
2 Töpfe Kerbel
2 Schalotten
1 Becher süße Sahne
(200 g)
Salz und Zitrone

Die feinste Art, Eier zu genießen, ist pochiert. Zum Pochieren läßt man die Eier in leicht siedendem Essigwasser 4 Minuten garziehen. Auf einen Liter Wasser gibt man 3–4 EL Essig, schlägt die Eier einzeln in eine Tasse und läßt sie dann ins siedende Essigwasser gleiten. Mit zwei Eßlöffeln kann man sie gut in Form bringen.

Nach dem Pochieren die Eiweißkrümel abschneiden und die Eier auf der Kerbelsauce plazieren. Die Sauce sollte unbedingt vor dem Eierkochen fertig sein, denn 4 Minuten sind schnell vorbei.

Abgepflückten und gesäuberten Kerbel in einen Mixer oder Zerkleinerer geben und mit 2 EL der Sahne zu einem Püree mixen, etwas salzen. Die Schalotten klitzeklein schneiden, in Butter andünsten, mit der restlichen Sahne aufgießen. Alles auf etwa ein Drittel einkochen lassen, Kerbelpüree dazu – erneut abschmecken – eventuell etwas Zitrone hinzugeben.

Mit pochiertem Ei und Kartoffelpüree servieren. Zum Schluß das Ganze mit frischem, leicht gehacktem Kerbel bestreuen.

Ein hervorragendes Pendant zum fein-würzigen Geschmack des Kerbels sind südfranzösische Roséweine. Auch Sauvignon blanc unterstreicht den »grünen« Ton des Modekrauts.

MAKKARONIAUFLAUF MIT AUBERGINEN

Makkaroni in der Mitte durchbrechen und al dente kochen, abschrecken und auskühlen lassen.

Aubergine vom Strunk befreien und in Scheiben schneiden. In einer Pfanne von beiden Seiten in Olivenöl braten, mit Thymian, Rosmarin, Salz und Pfeffer würzen. Für eine mittelgroße Aubergine braucht man 2 Bratvorgänge, also eventuell etwas mehr Rosmarin und Thymian nehmen.

Eine ovale Auflaufform (ca. 30 cm) mit Olivenöl ausstreichen, den Boden mit einer Schicht Makkaroni auslegen. Über die Makkaroni die angebratenen Auberginenscheiben und das Tomatenfleisch legen – alles schön verteilt. Nun eine weitere Schicht Makkaroni darauf verteilen. Sahne mit Milch, Eiern und ca. 150 g Käse verrühren und darübergießen. Zum Schluß den restlichen Käse darüberstreuen, etwas Olivenöl darauf und bei 200°C für 30–40 Minuten in den Ofen schieben.

250 g Makkaroni
1 Aubergine, mittelgroß
Fleisch von 5 Dosentomaten (in der Saison von 4 Fleischtomaten)
je 1 EL getr. oder frischen Thymian, Rosmarin
¹/₂ Becher süße Sahne (125 g)
0,2 l Milch
mind. 150 g geriebener Schweizer Käse (Emmentaler, Gruyère, Greyerzer)
2 Eier
Salz, Pfeffer, Olivenöl

 Die »Brot-und-Butter-Weißweine« für alle Tage, aus den Trauben Weiß- und Grauburgunder, sind leckere Begleiter.

ZWIEBELSUPPE

Statt eines Suppenhuhns kocht man für die Brühe 1¹/₂ –2 kg Suppenfleisch aus – die weiteren Zutaten unverändert.

Zwiebeln in Butter andünsten, mit Mehl bestreuen, so daß sie leicht Farbe bekommen, mit Cognac, Wein und Brühe aufgießen. Die Gewürze in ein Leinentuch wickeln und dazugeben. Alles bedeckt 20 Minuten köcheln lassen – die Zwiebeln werden gar, und die Gewürze haben ihr Aroma verteilt.

Nun Kastenweißbtot toasten, auf ein Backblech geben, mit Käse bestreuen und überbacken. Suppe in einen Teller, Brot dazu und servieren.

Wer möchte, gibt noch etwas Petersilie in die Suppe und würzt mit Meersalz und gemörstem schwarzen Pfeffer.

2 l Brühe (siehe Rezept Seite 20)
300 g normale Zwiebeln
1 Schnapsglas Cognac
1 EL Mehl, Butter
0,2 l Weißwein, trocken, kein Riesling
Toastbrot
150 g Schweizer Käse (Emmentaler, Greyerzer)
GEWÜRZBEUTEL:
10 Pfefferkörner
1 Lorbeerblatt
10 Wacholderkörner
1 TL Kümmel
2 Knoblauchzehen, angedrückt mit Schale
1 TL Thymian
1 TL Rosmarin

Silvaner und Riesling zählen zu den sichersten Tips im Umgang mit dem aromatischen Lauchgewächs.

DER GEGEN-BURGER

Vollkornbrötchen
Sojabohnenquark in
Scheiben (200 g für
6 Hamburger)
grüner Salat
grüne Gurke
Olivenöl
KETCHUP:
1 Dose Tomaten, San-
Marzano-Qualität,
oder 10–12
frische Tomaten
$1/2$ EL getr. Thymian
$1/2$ EL getr. Rosmarin
$1/2$ Bund frisches
Basilikum
2 EL Olivenöl
2 EL Tomatenmark
2 Schalotten,
klitzeklein geschnitten
2 Knoblauchzehen,
durchgepreßt
1 Lorbeerblatt
etwas Zucker
Salz, Pfeffer
PETERSILIENPASTE:
3 Bund frische
glatte Petersilie
3 EL Olivenöl
10 Pinienkerne
2 Knoblauchzehen
3 EL frischer,
geriebener
Parmesankäse

Brötchen halbieren, mit Petersilienpaste bestreichen. Den Sojabohnenquark (Tofu ungewürzt) in Scheiben schneiden, mit Salz und Pfeffer kräftig würzen und in Olivenöl in einer Pfanne von jeder Seite bei mittlerer Hitze 3–4 Minuten braten. Grünen Salat mit einigen Scheiben grüner Gurke auf die unteren Brötchenhälften legen, die gebratenen Tofuscheiben und den selbstgemachten Ketchup darauf und mit der oberen Brötchenhälfte abdecken.

KETCHUP

Die Tomaten von Strünken und Kernen befreien und in Stücke schneiden. Mit den Gewürzen und der Hälfte des Tomatensaftes in einem Topf bei mittlerer Hitze ohne Deckel 30 Minuten köcheln lassen. Das Ganze sollte eine ketchupartige Konsistenz bekommen. Lorbeerblatt entfernen und mit etwas Salz würzen – auskühlen lassen und für den Hamburger verarbeiten.

PETERSILIENPASTE

Alle Zutaten in einer Moulinette zu einer geschmeidigen Paste mörsern. Eventuell etwas mehr Olivenöl beigeben, so daß die Paste eine geschmeidige Konsistenz bekommt.

Wirklich gut schmeckt dazu eine Bloody oder Virgin Mary. Als Rührstab einfach eine geputzte Selleriestange verwenden und dazu knabbern. Was außerdem witzig schmeckt, sind die kalifornischen Zinfandels. Für ernsthafte Trinker darf es dazu schon mal ein Zinfandel Rosé sein. »Life is a hell without Zinfandel!«

BOHNENEINTOPF MIT LAMMFLEISCH

*1 kg Lammfleisch
aus der Keule,
ohne Knochen
500 g grüne Bohnen
1 Zwiebel
4 Anchovis
(Sardellenfilets)
3 Möhren
1 Knoblauchzehe
Fleisch von 4 Tomaten
$^1/_4$ l Rotwein, Chianti
oder Bordeaux
(Flasche nicht unter
10,00 Mark)
$^1/_2$ l Lammfond
1 Bund Bohnenkraut
Olivenöl zum
Anbraten
Salz und Pfeffer*

Lammfleisch aus der Keule in mundgerechte Stücke schneiden, salzen und pfeffern. Zwiebel und Knoblauch in feine Würfel schneiden, Möhren putzen und in Scheiben schneiden. Sardellenfilets ganz lassen, während der Schmorzeit zerteilen.

Bohnen putzen, schneiden und in kochendem Salzwasser 3–4 Minuten blanchieren, danach sofort mit eiskaltem Wasser abschrecken. So bekommen die Bohnen eine schöne Farbe und verlieren ihre Gift- und Bitterstoffe. Bohnen enthalten den Wirkstoff Vasin, der durch das Abkochen seine Wirkung verliert. Also bitte keine rohen Bohnen in großen Mengen essen.

Nun das Fleisch in Olivenöl scharf anbraten, Zwiebeln, Knobi, Anchovis, Möhren und Tomaten dazugeben und mit Fond und Wein ablöschen. Bei mittlerer Hitze 45–50 Minuten bei geschlossenem Deckel leise köcheln lassen.

Nun erst die Bohnen und das gehackte Bohnenkraut dazugeben, alles gut durchrühren, mit Salz, Pfeffer und eventuell etwas Zitrone nochmals abschmecken und alles 5 Minuten durchziehen lassen.

Mit Fladenbrot oder Kartoffeln servieren.

Kochen Sie vom Eintopf ruhig die doppelte Menge – er schmeckt aufgewärmt fast noch besser.

Falls Sie statt Fleisch von der Keule lieber Lammschulter nehmen, erhöht sich die Schmorzeit um 10 Minuten. Für beide Möglichkeiten gilt: Immer eine Probe machen, die Lammfleischqualität ist sehr unterschiedlich.

*Die roten Cabernet franc-Weine von der Loire
aus Chinon von Couly-Dutheil oder aus Bourgueil
schaffen eine anregende Synergie zwischen Lamm und Bohnen.
Der Cabernet, der nicht allzu schwer ist, vermag dieses
Gericht hervorragend zu begleiten. Für Weißweinfans kann
einer der knackig-grünen Sauvignons aus Neuseeland
die Bohnen meisterhaft ergänzen.*

COQ AU VIN
(HÜHNCHEN IN ROTWEIN)

Das Huhn säubern und in 10 Teile teilen, also Keulen halbieren, Brust mit Knochen vierteln und Flügel ganz lassen. Alle Teile salzen und pfeffern. In Butter in einem schweren Schmortopf goldbraun anbraten, mit etwas Mehl bestäuben.

Rotwein um ein Drittel einkochen lassen und mit dem Cognac zum Huhn geben.

Ganze Schalotten und mit einem feuchten Tuch gesäuberte Champignons dazu.

Den Speck in feine Streifen schneiden und in kochendem Wasser 2–3 Minuten blanchieren – so verliert er seinen kräftigen, oft zu salzigen Geschmack. Diesen blanchierten Speck erst nach 15 Minuten in den Topf geben.

Weiter kommen in den Hühnertopf ein Bündel aus Petersilie, Lorbeerblatt und Möhre, 20 Pfefferkörner und zwei mit Schale ausgedrückte Knoblauchzehen.

Alle Zutaten sollten vom Wein bedeckt sein – eventuell etwas nachgießen. Nun bei geschlossenem Deckel 1 Stunde bei mittlerer Hitze schmoren lassen. Nach 15 Minuten nicht den Speck vergessen!

Dazu passen am besten frisches Baguette oder feine, in Butter geschwenkte Bandnudeln.

Die Herkunft bestimmt alleine schon die Weinauswahl, denn logischerweise haben die Burgunder Winzer ihre Weine dazu verwendet und den Geschmack auf die Weine ihres Winzeralltags abgestimmt. Also hier können Sie schwelgen in Santenay, Pommard, Volnay, Gevrey-Chambertin, Vosne-Romanée und all den kleinen und großen Weinberglagen des Burgunds.

1 Bauernhuhn, 2,5-3,0 kg
2 Knoblauchzehen
1 Möhre
¹/₂ Bund Petersilie
1 Lorbeerblatt
20 Pfefferkörner, schwarz
200 g frische Champignons, geviertelt oder halbiert
200 g durchwachsener Speck
20 Schalotten
1 Schnapsglas Cognac
etwas Mehl
Salz und Pfeffer
Butter zum Anbraten
1 Flasche Rotwein (0,75 l), Côte du Rhône, Chianti oder Burgunder

Fritierte
Champignon
auf Frühlings-
zwiebeln
(Rezept
Seite 64)

FRITIERTE CHAMPIGNONS AUF FRÜHLINGSZWIEBELN

*Champignons
ohne Stiel, gesäubert
Salz, Pfeffer
Mehl (mit getr.
Thymian würzen!)
Paniermehl
Parmesankäse
2–3 Eigelb
Keimöl zum
Ausbacken
2 Bund
Frühlingszwiebeln
1 Becher süße Sahne
etwa Zucker, Salz
Butter*

Champignons mit Salz und Pfeffer würzen, in Mehl wenden. Dann in Eigelb und zum Schluß in Parmesan-Paniermehlgemisch gründlich drehen und wenden. In heißem Keimöl 3–4 Minuten knusprig ausbacken. Die fertigen Pilze kurz auf Küchenpapier abtupfen und mit Zitrone würzen.

Die Frühlingszwiebeln in Scheiben schneiden, in Butter andünsten, ganz leicht zuckern und mit Sahne aufgießen. Dann etwa 5 Minuten garziehen lassen, etwas salzen und pfeffern.

Diese etwas süßlich und sahnig schmeckenden Frühlingszwiebeln auf einen Teller geben, fritierte Champignons dazu – lecker, einfach köstlich.

Ein kräftiger Riesling aus Franken oder aus Baden vom Freiherrn von und zu Frankenstein begleitet die fritierten Pilze wie auch den Frühlingslauch gleichermaßen gut und sorgt für gute Verdauungsstimmung. Ein Glas Champagner macht auch dieses Gericht zum Festtagsschmaus.

GESCHICHTETER KOHL

Am Strunkende einen Keil in den Weißkohl schneiden und mit den Strunkenden nach unten in einen Topf mit etwas Wasser legen. Das Wasser zum Kochen bringen, dann leise 10–15 Minuten köcheln lassen. Danach läßt sich der Weißkohl leicht in einzelne Blätter teilen. Von diesen die Mittelrippe entfernen und die Blätter mit einem Geschirrhandtuch trocknen.

Das Lammhack mit den Zutaten vermengen und kräftig mit Salz und Pfeffer würzen. Kartoffeln schälen und in dünne Scheiben hobeln.

Einen schweren Topf ausbuttern und den Boden mit einer Schicht Weißkohlblätter belegen. Die Blätter mit zerdrücktem Kümmel (geht gut mit dem Messerrücken) und Salz würzen. Darauf kommt eine feine Schicht Lammhack – darauf wieder eine Schicht Kohl – wieder salzen und mit Kümmel bestreuen. Diese Schichtweise wiederholen – je nach Topfgröße – und mit einer Schicht Kohl beenden.

Nun die gehobelten Kartoffeln oben drauf, mit Salz und Pfeffer würzen, Butterflocken darüber und mit der Brühe aufgießen. Alles sollte zur Hälfte mit Brühe bedeckt sein – bei größeren Mengen also etwas mehr Brühe benutzen. Nun alles für anderthalb Stunden in den 180°C heißen Backofen stellen. Es sollte so heiß sein, daß es im Topf leicht vor sich hin köchelt. Also nach 10 Minuten kontrollieren und die Hitze entsprechend regulieren – falls nicht heiß genug!

Für größere Mengen erhöhen Sie die Zutaten entsprechend.

Der Kümmel unterstreicht die intensive, würzige und leicht süßliche Note des Krauts und verlangt nach einem ordentlichen Gegenüber. Gut gefällt uns ein friulaner Ribolla Gialla oder ein trockener Gewürztraminer aus dem Elsaß dazu, die beide das Gericht geschmacklich noch abrunden.

1 mittelgroßer Weißkohl
500 g Lammhack
1 Zwiebel groß, klitzeklein geschnitten
1 TL getr. Thymian
1 Knoblauchzehe, durchgepreßt
1 Ei
1 in Brühe eingeweichtes Brötchen
$^1/_2 - ^3/_4$ l Rinderbrühe
5 große Kartoffelknollen, festkochend
Butter
Salz, Pfeffer
1 EL Kümmel

LECKERE KOHLROULADEN

FÜR 6
KOHLROULADEN:
1 Kopf Weißkohl
500 g Lammhack
5 Sardellenfilets
2 EL Kapern
¹/₂ Brötchen, alt,
eingeweicht
1 Chilischote, nach
Bedarf mehr
¹/₂ EL getr. Thymian
¹/₂ EL getr. Rosmarin
2 Zwiebeln
2 Knoblauchzehen
1 Bund Petersilie
1 Ei
100 g Schafs- oder
Ziegenkäse
(Ziegenrolle)
2 EL Sojasauce
Zitrone
BRÜHE:
1 l Kalbs- oder
Hühnerbrühe
2 EL Tomatenmark
Prise Zucker

Kohl vom Strunk befreien und in einen Topf mit kochendem Wasser setzen – so lassen sich nach einigen Minuten die Blätter mühelos abschälen, und von diesen Blättern noch die Mittelrippe entfernen.

Für die Hackmischung Sardellen, Zwiebeln, Chili, den Knobi und die Kapern kleinhacken. Mit dem eingeweichten, ausgedrückten Brötchen, dem Ei und den Gewürzen gut vermengen. Eventuell etwas salzen. Man kann auch noch gehackte Petersilie beigeben. Damit die abgetrockneten Kohlblätter füllen. Wer möchte, gibt in die Mitte der Hackmischung ein Stück Schafskäse – mindestens einen halben Eßlöffel groß.

Die Kohlpäckchen gut verschnüren und in einem großen Bräter in Butter anbraten. Dann mit der Brühe aufgießen und mit Sojasauce und Zitrone abschmecken. Bei geschlossenem Deckel je nach Größe der Rouladen 50–60 Minuten köcheln lassen. Dann die Sauce mit Salz und Pfeffer abschmecken und mit Petersilie bestreuen.

Brühe mit Tomatenmark verrühren, etwas zuckern und damit die Rouladen aufgießen.

Beilage: Salzkartoffeln

Wieder ein Gericht für Spätburgunder aus Deutschland. Probieren Sie es mal – die deutschen trockenen Rotweine von den namhaften Winzern bringen edle Tropfen auch zu Alle-Tage-Preisen in die Flaschen!

Luigi:

»Bei uns immer Grappa, Grappa, Grappa«

NDR 2-
SOMMERDRINK

PRO PERSON:
1 Orange, Saft
1 Limone
1 Schnapsglas
Grenadine-Sirup
Maracujasaft, Tonic

Orange und Limone auspressen, Saft in ein großes Glas geben, Grenadine dazu, Eis dazu, alles verrühren und je zur Hälfte mit Maracujasaft und Tonic auffüllen.

Fruchtig – bitter und durstlöschend – lecker.

MELONENDRINK

Melone, bevorzugt
Early-Sweet (süße
Netzmelone), keine
Wassermelone!!!
Prosecco, Sekt,
Champagner oder
Mineralwasser

Melone halbieren, Kerne entfernen und mit einem Löffel das Fruchtfleisch von der Schale trennen. Dieses Fruchtfleisch pürieren und kaltstellen – am besten kurz in das Gefrierfach, so daß es eiskalt ist, aber nicht angefroren.

Das Püree in die ausgehöhlte Melone zurück – mit Prosecco, Sekt, Schampus oder Mineralwasser aufgießen und umrühren – toll erfrischend, sieht gut aus – und ist gesund.

BELLINI-COCKTAIL
(HARRY'S BAR VENEDIG)

weiße Pfirsiche
Spritzer Zitrone
Prosecco oder
Champagner

Pfirsiche enthäuten, entkernen und pürieren. Dieses Püree mit Zitrone abschmecken und sehr kalt stellen. Dann Püree in ein Sektglas füllen und mit Prosecco oder eiskaltem Champagner aufgießen.

Unbedingt weiße, reife Pfirsiche benutzen, die haben das unverwechselbare Aroma.

DRINKS MIT SEKT

Himmbeeren
Erdbeeren
schwarze
Johannisbeeren
gemischte
Beerenpackung

Pürierte Früchte mit eiskaltem Sekt aufgefüllt – das ist erfrischend und problemlos hergestellt. Früchte eingefroren kaufen, auftauen lassen und mit dem Mixstab pürieren. Wer ein noch feineres Püree möchte, passiert alles nach dem Mixen durch ein Sieb.

Je nach Geschmack die Sektgläser höchstens zur Hälfte mit Püree füllen, dann mit eiskaltem Sekt aufgießen. In das Fruchtpüree unbedingt einen Spritzer Zitrone geben – so behält es seine schöne Farbe.

Detlef mit *f*:

»Süße Sachen sind mein Lebens- elixier«

FEINES
APFELGRATIN

*5 säuerliche Äpfel
(Boskop)
1 Becher Crème
fraîche (150 g)
1 Becher süße
Sahne (250 g)
100 g Walnußkerne,
gehackt
Zitronensaft
Butter zum
Ausbuttern der Form
Gratinform mit
flachem Rand*

Äpfel schälen, entkernen und in Scheiben schneiden. Gratinform mit Butter auspinseln. Crème fraîche mit süßer Sahne verrühren.

Nun die Apfelscheiben schuppenartig in die Gratinform legen, mit Zitronensaft beträufeln. Über die erste Schicht Äpfel die gehackten Walnußkerne streuen, erneut eine Apfelschicht darauf, wieder mit Zitrone säuern und die restlichen Walnußkerne darüberstreuen. Alles mit der etwas festen Crème-fraîche-Sahne-Mischung begießen. Mit Butterflocken besetzen und für 20–25 Minuten in den vorgeheizten Backofen (200°C Umluft ohne Grill) schieben. Die Crème-fraîche-Sahne-Mischung stockt, umhüllt alle Apfelscheiben und verbindet alles zu einem leckeren Gratin.

Aus dem Ofen nehmen, leicht auskühlen lassen und zu Wild, Geflügel oder solo – lauwarm als Dessert – servieren.

*An apple a day keeps the doctor away!
Die mild-fruchtigen Weißweine – ohne aggressive Säure – harmonisieren am besten zum säurebetonten Obst und profitieren noch vom vitalen Apfelaroma. Eine Gewürztraminer- oder eine Riesling-Auslese ist da genau das Richtige. Auch mit einem Jurancon von der Domaine Cauhapé erleben Sie eine tolle Überraschung.*

MASCARPONE-CREME MIT KIRSCHEN

500 g entsteinte schwarze Kirschen (entsteint gewogen) 100 g Zucker 1 Beutel Vanillezucker 1 kg Mascarpone 1 Becher süße Sahne (200 g)

Kirschen entsteinen, mit Zucker bestreuen und durchziehen lassen, so daß sich Saft bildet.

Mascarpone mit der süßen Sahne verrühren. Er soll nicht zu dünn werden, 200 g Sahne sind vielleicht zuviel – also nach Gefühl.

In einer Schale Mascarpone und Kirschen schichten – mit Mascarpone beginnen – dann für zwei Stunden in den Kühlschrank stellen.

Eine Kalorienbombe, die an Köstlichkeit nicht mehr zu überbieten ist.

Mein spontaner Tip ist ein Rosé-Champagner. Etwas ungewöhnlich, aber ungemein erfrischend ist ein leicht gekühlter fruchtig-feiner Beaujolais-Cru wie der Fleurie oder Morgon dazu.

ERDBEEREN MIT SCHOKOLADE & PISTAZIEN

1 Tafel Bitterschokolade 30 g gehackte Pistazienkerne Erdbeeren etwas Zucker

Schokolade in einem Topf vorsichtig schmelzen lassen – Erdbeeren darin eintauchen, in Pistazien wälzen und auf einem Gitter auskühlen lassen. Die Schokolade eventuell etwas zuckern.

Banyuls oder Maury, zwei portweinähnliche Vin doux naturels aus den Pyrenäen, bieten ein schönes Stelldichein mit der Schokolade.

ERDBEEREN IN BALSAMICO-ESSIG MIT PINIENKERNEN

0,5 l Balsamicoessig
(7 bis 10 Mark)
etwas Zucker
20-30 Pinienkerne
Erdbeeren

Den Essig bei starker Hitze um die Hälfte einkochen lassen und leicht gezuckerte, geviertelte Erdbeeren in den Essig geben. Pinienkerne in etwas Olivenöl anrösten und dazugeben. Alles 2 Stunden durchziehen lassen und mit Vanilleeis oder Grießpudding servieren – toll, das leicht süß-saure Aroma vom Essig mit den Erdbeeren. Schmeckt auch solo einfach köstlich!

Ein Sologang – den der Wein nur stören würde.

VANILLE-EIS

500 ml Sahne
5 Eigelb
2 EL Zucker
1 Vanilleschote

Vanilleschote auskratzen und mit der Sahne 5–8 Minuten auskochen. Eigelb und Zucker über dem Wasserbad schaumig rühren, Vanillesahne nach und nach beigeben, bis eine sämige Konsistenz entsteht. Diese Vanillemasse in die Eismaschine geben und in 20 Minuten zu Eis verarbeiten.

Wunschpartner des begehrtesten Gefrorenen sind Sauternes, Barsac und alle edlen Beerenauslesen und TBA's von guten Winzern aus guten Jahren. Fragen Sie mal nach den »Krachern« von Alois Kracher aus Österreich.

ERDBEER-VARIATIONEN

ERDBEEREN MIT FRISCHER ANANAS UND VANILLESAUCE

Erdbeeren und frische Ananas in feine Scheiben schneiden – bei der Ananas nicht vergessen, den Strunk zu entfernen! Nun Ananas und Erdbeeren auf einem Teller anrichten und mit Vanillesauce begießen und mit Minze bestreuen. Für die Sauce mindestens 4 Kugeln Vanilleeis mit 2 EL süßer Sahne einfach im Mixer aufmixen – fertig.

frische Ananas
Vanilleeis
etwas süße Sahne
Erdbeeren
frische Minze

ERDBEEREN MIT CHAMPAGNER

Bezuckerte Erdbeeren in einen tiefen Teller geben und mit eiskaltem Schampus übergießen. Wer weniger Alkohol möchte, nimmt zusätzlich etwas Orangensaft.

Erdbeeren
Zucker
Champagner oder
Winzersekt
Orangensaft

ERDBEEREN MIT GRAPPA UND GRÜNEM PFEFFER

Erdbeeren etwas zuckern und ziehen lassen. In eine Pfanne mit flachem Rand geben, etwas Butter dazu, nun den Grappa zugeben und anstecken, anbrennen lassen – der Alkohol verdunstet also – grünen Pfeffer dazu – köstlich zu Eis aller Art.

Erdbeeren
grüner Pfeffer
(Menge nach Bedarf
und Schärfe)
etwas Butter
mind. 2 EL Grappa

Moscato Rosa von Lageder, Riesling-Beerenauslesen von Haag, Prüm oder Schloß Lieser – fruchtig und mit knackiger Säure, bringen diese Weine ein großes Trinkvergnügen.

OBSTSALAT MIT GRIESS-FLAMMERI

*Weintrauben,
blau und weiß
Bananen
Orangen, enthäutet
und in Scheiben
geschnitten
Kiwis – plus
3 Kiwis für das
Püree (geschält)
Birnen – plus
2 Birnen für das
Püree (geschält)
Pinienkerne
1 Topf Zitronenmelisse
oder Minze
Zucker
Wasser*

Aus den Zutaten einen Obstsalat herstellen. Wer es elegant möchte, enthäutet und entkernt die Weintrauben – viel Arbeit, schmeckt aber besser.

Aus 3 Kiwis und aus 2 Birnen jeweils ein Fruchtpüree herstellen – also nicht gemischt!

Dazu die Früchte mit etwas aufgelöstem Zucker (3 EL Zucker in einer Tasse Wasser auflösen) in ein Gefäß geben, mit dem Stabmixer kräftig durchmixen, dann durch ein Sieb – und fertig.

Die Birnen müssen vorher geschält, entkernt und in Zuckerwasser leicht gar gekocht werden – dauert etwa 6–7 Minuten.

Zum Salat kommen noch geröstete Pinienkerne und feingehackte Minze oder Zitronenmelisse. Menge – wie beim Obst – je nach Bedarf.

Das Birnen- und Kiwipüree einzeln zum Salat reichen!

GRIESS-FLAMMERI

*3 Eier
³/₄ l Milch
Prise Salz
70 g Zucker
150 g Grieß
Zitrone*

Eier trennen. Eiweiß zu steifem Schnee schlagen. Milch mit Salz und Zucker zum Kochen bringen. Grieß unter Rühren einstreuen und kurz nachquellen lassen. Eigelb verquirlen und sofort unter den Grieß rühren. Eischnee locker unter den heißen Brei ziehen. Grießflammeri in mit kaltem Wasser ausgespülte Portionsförmchen füllen und kaltstellen. Zum Servieren stürzen. Reicht für 4–6 Portionsförmchen, je nach Größe.

Moscato aus dem Piemont ist der Sommerhit zum Obstsalat. Probieren Sie auch mal einen Recioto di Soave von Gini.

TRAUBENSALAT MIT MINZE UND PECORINO

Trauben enthäuten, entkernen und halbieren – viel Arbeit, aber der absolute Hochgenuß. Apfel schälen und in feine Streifen hobeln. Pecorino in kleine, mundgerechte Würfel schneiden, Zitronenmelisse in Blättern lassen, Pfeffer grob mörsen.

Die Zutaten für die Marinade verrühren – sie soll den Salat nur leicht umhüllen, also nicht mehr Marinade als beschrieben, denn die Trauben geben reichlich Flüssigkeit ab.

Der Salat schmeckt eiskalt mit Grießflammeri (siehe Rezept auf Seite 80) oder Crème fraîche.

Reifer Riesling im Bereich Auslese begleitet die fruchtige Kombination meisterhaft. Eine Herausforderung, die Freude bringt, ist eine reife Scheurebe von Wirsching.

500 g blaue Trauben
500 g weiße Trauben
1 säuerlicher Apfel
200 g Pecorino
(ital. Schafskäse)
1 Bund oder Topf
Zitronenmelisse
10 Pfefferkörner,
schwarz, gemörst
MARINADE:
Saft 1/2 Orange
2 EL Olivenöl
einige Spritzer
Zitronensaft

**Traubensalat
mit Minze
und Pecorino
(Rezept
Seite 81)**

Auch wenn's etwas Zu Hause am großen oder Verwandten,

MENÜ 1
GEBEIZTER LACHS MIT RÖSTI
ENTENBRATEN AUF BAUERNART
MIT ROTKOHL
GEBRATENE ANANAS MIT
MANDELSAUCE

•

MENÜ 2
WINTER-SALAT
MIT KARTOFFELDRESSING
ROASTBEEF MIT KRÄUTERKRUSTE
UND KARTOFFELGRATIN
GESCHMORTE FRÜCHTE

•

MENÜ 3
KARTOFFELRAHMSUPPE
MIT KAVIAR
GESCHMORTE GÄNSEKEULE MIT
SAUERKRAUT UND KARTOFFELBREI
PANNA COTTA

•

MENÜ 4
FELDSALAT MIT
GERÄUCHERTEM AAL
REHRÜCKEN MIT BURGUNDERSAUCE
UND TELTOWER RÜBCHEN
TIRAMISU

Arbeit macht:
Tisch mit Freunden
das macht Spaß!

VORSPEISE: **GEBEIZTER LACHS MIT RÖSTI**

1 Lachsseite mit Haut
1 Bund Basilikum
10 Pfefferkörner
10 Korianderkörner,
50 g Meersalz, grob
30 g brauner Zucker
1 EL Olivenöl
Feldsalat
RÖSTI:
4 große Kartoffeln,
festkochend
1 TL Speisestärke, 1 Ei
½ EL getr. Thymian
Salz und Pfeffer
Butter

Lachsseite von allen Gräten befreien. Mit Salz, Zucker, gemörstem schwarzen Pfeffer und zerstoßenem Koriander sowie klein gehackten Basilikumblättern bestreuen – mit Öl befeuchten und in Folie verpacken. Zwei Tage lang mit Holzbrettern oder Terrinenformen beschwert im Kühlschrank marinieren lassen. Dann aufschneiden und mit Feldsalat und Rösti servieren.

RÖSTI

Kartoffeln schälen und mit einer Reibe in feine Streifen hobeln. Mit Thymian, Salz und Pfeffer würzen, Ei und Speisestärke beigeben. Alles gut vermengen und sofort in einer beschichteten Pfanne in etwas Butter ausbacken.

 Hierzu paßt ein weißer Condrieu von Guigal. Wer es etwas frischer mag, liegt mit Pouilly-Fumé richtig.

HAUPTGERICHT: **ENTEN-BRATEN AUF BAUERNART**

DAZU: ROTKOHL

1 Bauernente
säuerliche Äpfel
(Boskop)
Orangen, geschält,
in Scheiben
Zwiebeln
Salz, Pfeffer

Unbedingt eine freilaufende, vom Bauern großgezogene Ente kaufen. Enten der Güteklasse A riechen nach Getreide und haben eine schöne, natürliche Hautfarbe. Also unbedingt Augen auf beim Entenkauf. Ideales Gewicht ist 2,5 bis 3,0 kg – so ein Vogel reicht für 4 Personen.

Die Ente säubern und von innen und außen salzen und pfeffern, mit Äpfeln, Orangenscheiben und Zwiebeln füllen – paßt mehr hinein, als man denkt. Die Öffnung zunähen oder mit Zahnstochern verschließen, die Ente mit der Brust nach oben in eine Bratpfanne oder Rein legen. Mit Wasser aufgießen und in den auf 200°C vorgeheizten Backofen schieben – zunächst für 40 Minuten. Dann weitere 80 Minuten bei 180°C. Gesamtbratzeit bei einer Ente von 2,5 bis 3,0 kg sind 2 Stunden. Die Ente während des Bratens zwei bis drei mal drehen, ständig mit dem Bratenfett begießen, in der Keulengegend leicht einstechen und ständig Flüssigkeit nachgießen. Eine Ente will während der Bratzeit gepflegt sein, also ständig kontrollieren – von draußen versteht sich. In den letzten 10 Minuten die Ente mit aufgelöstem braunen Zucker bepinseln, so bekommt sie eine schöne Farbe und krosse Haut. Nach dem Braten Keulen, Brust und Flügel von der Ente abtrennen und mit der Füllung servieren.

Aus Hals, Magen und Flügelenden kann man mit einem Suppenbund, etwas Tomatenmark und Rotwein während der Bratzeit eine tolle Sauce machen. Geflügelteile vom Fett befreien, Magen und Suppenbund kleinschneiden, alles andünsten, so daß es eine schöne Farbe bekommt, Tomatenmark und eine Flasche Rotwein (Chianti, nicht unter 10 mark) dazu. Gewürzt wird mit Pfefferkörnern, Lorbeerblatt und Wacholder. Köchelzeit 2 Stunden, dann durchsieben, etwas reduzieren und mit der Ente servieren.

Hals, Magen und Flügelenden
1 EL Tomatenmark
1 Suppenbund
5 Pfefferkörner
5 Wacholderbeeren
1 Lorbeerblatt
1 Flasche Rotwein, Chianti, nicht unter 10,00 Mark

ROTKOHL

Kohl von äußeren Blättern befreien, dann in feine Streifen schneiden. Klitzeklein geschnittene Zwiebel in Butter andünsten. Kohl, Äpfel und Marmelade beigeben, mit Rotwein und Himbeeressig aufgießen, Zucker dazu und bei mittlerer Hitze und geschlossenem Deckel 40–45 Minuten köcheln lassen. Während der Garzeit immer den Kohl schön vermischen. Wem meine Version zu sauer erscheint, der nimmt nur die Hälfte Himbeeressig.

1 kleiner Rotkohl
1 säuerlicher Apfel (Boskop)
$1/2$ Tasse Rotwein
$1/2$ Tasse Himbeeressig
1–2 EL Preiselbeermarmelade
1 Zwiebel
$1/2$ TL Zucker

Weitere Beilagen: Kartoffelknödel (Seite 104), Salzkartoffel

Jeder großer Burgunder, ob Spätburgunder oder Pinot noir oder ein reifer Brunello di Montalcino, paßt sehr gut.

DESSERT: GEBRATENE ANANAS MIT MANDELSAUCE

Mandelsplitter werden zerhackt und in Butter angedünstet, so daß sie etwas Farbe bekommen. Die angerösteten Mandeln löscht man mit Crème fraîche ab und gibt pro Becher Crème fraîche ein Schnapsglas Amaretto hinzu. Alles zusammen läßt man bei kleinster Hitze etwas einkochen, so daß eine sämige Konsistenz entsteht. Dann von der Flamme nehmen und etwas abkühlen lassen. Ananas schälen und in Scheiben schneiden. Dabei den holzigen Kern entfernen. Butter in der Pfanne erhitzen, Ananas goldbraun braten – ca. 5 Minuten. Auf Küchenpapier vom Fett befreien und mit der Sauce servieren. Idealer Begleiter: Hauchdünner Pfannkuchen und Vanilleeis.

1 frische Ananas
125 g Mandelsplitter
1 Becher Crème fraîche
1 Schnapsglas Amaretto
Butter

Junge Riesling-Beerenauslesen von deutschen Topwinzern.

Entenbraten
auf Bauernart
mit Rotkohl
(Rezept
Seite 86)

VORSPEISE: WINTER-SALAT MIT KARTOFFELDRESSING

SALATSORTEN:
Endivie, Eichblatt,
Feldsalat, Radicchio,
Radicchio di Treviso
(längliche Blätter),
Brunnenkresse (schwer
zu bekommen, aber
wundersbar im
Geschmack), Spinat,
Rucola, Löwenzahn
DRESSING:
2 EL Traubenkernöl
2 El Walnuß- oder
Haselnußöl
4 EL Apfelessig oder
Apfelbalsam
1 gekochte Kartoffel,
geschält (mehlig)

Die vorhandenen Salate säubern und trockenschleudern, dann in mundgerechte Stücke schneiden und mischen. Beim Rucola und Spinat die groben Strünke abschneiden.

Dressing: Öl und Essig verrühren. Kartoffel auf einer Reibe fein zerkleinern und unter die Öl-Essig-Mischung mit dem Schneebesen kräftig rühren! Etwas salzen und pfeffern.

Die Salatmenge nach Bedarf erhöhen.

<u>Dazu nach Wunsch:</u> *PINIEN- ODER WALNUSSKERNE* – in Butter leicht anrösten, so daß sie duften. *FRISCHE FEIGEN* – waschen, vom Stiel befreien und vierteln. *ORANGEN- ODER GRAPEFRUITFILETS* – die Frucht mit einem scharfen Messer von der Schale befreien und Filets ausschneiden. *FRISCHE CHAMPIGNONS* – mit einem feuchten Tuch säubern und in feine Streifen hobeln (Gemüsehobel). *CROÛTONS* – Toastbrotscheiben von der Rinde befreien, in Würfel schneiden und in Butter goldbraun braten.

 Fragen Sie in Ihrem Lieblingsweingeschäft nach dem besten Sauvignon im Angebot – eine wahre Festtagsfreude.

HAUPTGERICHT: ROASTBEEF MIT KRÄUTERKRUSTE UND KARTOFFELGRATIN

2 kg Roastbeef,
gut abgehangen
Salz, Pfeffer
Butaris zum Anbraten
KRÄUTERKRUSTE:
150 g Butter
2 Knoblauchzehen,
durchgepreßt
1 EL getr. Thymian
1 EL getr. Rosmarin
1 EL frische Petersilie
50 g Weißbrotwürfel
20 g Parmesankäse

Roastbeef von eventuellen Sehnen und kleinen Häuten befreien – auf keinen Fall die Fettschicht wegschneiden. Gründlich salzen und pfeffern, wenn möglich, mit gemörstem Pfeffer. Nun in einer Bratrein oder großen Bratpfanne – die auch in den Ofen paßt – von allen Seiten anbraten, damit die Poren sich schließen.

Nach dem Anbraten in den vorgeheizten Ofen schieben (220-230°C). Zwei Kilo Roastbeef brauchen 35–40 Minuten, dann ist das Fleisch innen noch schön rosa! Man mißt mit einem Bratenthermometer die Kerntemperatur des Fleisches: Liegt sie zwischen 55–65°C, ist es rosa, zwischen 65–70°C ist es durch. Eine ständige Kontrolle ist unumgänglich! Für die letzten 5–7 Minuten bestreicht man das Roastbeef mit der Butter-Kräuter-Mischung und schaltet

Oberhitze oder Grill ein – aber vorsichtig. So entsteht eine schöne Kräuterkruste.

Während der Bratzeit das Fleisch mit dem Bratensaft ständig begießen. Da Roastbeef und Gratin gleichzeitig im Ofen gegart werden, sollte man das Fleisch in einer Pfanne braten und auf ein Gitter stellen. Die Gratinform paßt dann noch auf den Boden.

KARTOFFELGRATIN

Kartoffeln schälen, Zwiebeln schälen und mit einem Gemüsehobel in dünne Scheiben hobeln. Eine Auflaufform (oval, 26–30 cm) mit Butter auspinseln, die Hälfte der Kartoffeln darin schuppenartig einschichten, salzen und mit der Hälfte der Würzmischung bestreuen, dann alle Zwiebeln darauf, wieder leicht salzen, restliche Kartoffeln und die restliche Würzmischung dazu und mit Sahne begießen.

Kartoffeln und Zwiebeln müssen von der Sahne bedeckt sein – also eventuell etwas mehr Sahne. Dann den Käse darüberstreuen, Butterflocken darauf und für 45 Minuten in den vorgeheizten Ofen (220°C). Wird die Käsekruste zu braun, einfach mit Alufolie abdecken.

10–12 Kartoffeln, mittelgroß, festkochend
2 Haushaltszwiebeln
100 g Hartkäse, gerieben (Emmentaler oder Greyerzer)
1 Becher Sahne (250 g)
WÜRZMISCHUNG:
1 TL Piment
1/2 TL Muskat
1 TL Koriander
1 TL Pfefferkörner, schwarz, Salz

🍷 *Das Rindfleisch mit seinem kräftigen Eigengeschmack freut sich auf alle kraftvollen Rotweine aus den Trauben Cabernet-Sauvignon und Shiraz oder auf die modernen Cuvées mit anderen Rebsorten. Ein besonderer Tip sind die Weine des Ribera del Duero oder des Priorators aus Spanien. Natürlich bieten die Kalifornier entsprechende Alternativen zum Bordeaux.*

DESSERT: GESCHMORTE FRÜCHTE

Früchte – erst Backpflaumen, dann Orangen in Scheiben, Äpfel und Birnen – in einen Topf oder Bräter schichten. Mit Zucker bestreuen und mit Rotwein begießen, so daß alle Früchte bedeckt sind. Alles 1 Stunde in den 180°C heißen Ofen stellen, zuerst mit Deckel, die letzten 20 Minuten ohne. Mit Eis oder Crêpes servieren – köstlich!!!

200 g Backpflaumen
3 Orangen, geschält, enthäutet und in Scheiben geschnitten
3 Äpfel, 3 Birnen, entkernt, geschält, geviertelt, 50 g Zucker
1 Fl. Rotwein (Chianti, Côte du Rhône)

🍷 *Ein Glas edler Vintage-Portwein aus bestem Jahr rundet das Dessert auf fruchtigste, haselnussigste Weise ab.*

VORSPEISE: KARTOFFELRAHM-SUPPE MIT KAVIAR

10 Kartoffelknollen, mehlig kochend, mittelgroß
2 Becher süße Sahne à 200 g
1¹/₂ l Fleischbrühe
Muskat, Salz, Pfeffer
Butter
Kaviar oder Forellenkaviar, je nach Geldbeutel und Geschmack

Kartoffeln in Salzwasser garkochen und danach im Mixer in etwas Brühe fein durchmixen (2 Durchgänge), dann in den Topf zurück, restliche Brühe und Sahne dazu und leicht durchkochen lassen. Mit Salz, Pfeffer, Muskat und Butter würzen und im vorgewärmten tiefen Teller mit Kaviar servieren. Dazu Schampus und viel Spaß.

Die Suppe muß eine sämige Konsistenz haben! Die Flüssigkeitsmenge ist nur ein Richtwert bei den vielen unterschiedlichen Kartoffelgrößen und -sorten. Also probieren Sie bitte selbst, eventuell etwas mehr Brühe oder sogar Sahne, wie Sie mögen. Mögen Sie keinen Kaviar – wie schade –, dann versuchen Sie es mal mit feingeschnittenem Räucherlachs, auch sehr lecker.

Gönnen Sie sich ein Fläschchen Champagner als Aperitiv und trinken Sie dies in Ruhe zur einfachraffinierten Suppe aus. Diese Kombination ist eine Seelenfreude und durch keinen anderen Wein zu ersetzen.

HAUPTGERICHT: GESCHMORTE GÄNSEKEULE
DAZU: SAUERKRAUT UND KARTOFFELBREI

4 Gänsekeulen
Salz, Pfeffer
etwas Honig
Buterschmalz
SAUERKRAUT:
500 g Sauerkraut (Reformhaus)
3 Äpfel, Boskop
3 Zwiebeln
50 g Butter
1 Lorbeerblatt
10 Pfefferkörner
5 Wacholderkörner
Salz
trockener Weißwein, Riesling

Keulen salzen und pfeffern und in Butterschmalz in einer Pfanne von allen Seiten goldbraun anbraten. Dann in ein Bratgefäß geben und bei 220°C vorerst 45 Minuten garen, dann weitere 30 Minuten bei 180°C. Am Ende der Bratzeit die Keulen mit etwas Honig bestreichen und leicht übergrillen – so bekommen sie eine schöne Farbe.

Mit Sauerkraut und Kartoffelbrei servieren.

Aus Gänseklein kann man während der Bratzeit eine köstliche Rotweinsauce herstellen (Rezept siehe Seite 97 – Rehrücken mit Burgundersauce). Die Sauce noch mit einem Hauch Honig würzen – sehr lecker!

SAUERKRAUT:

Sauerkraut aus dem Reformhaus kaufen und vor dem Verbrauch den Saft ausdrücken. Äpfel schälen, entkernen und in Scheiben schneiden. In Butter mit den Zwiebeln andünsten, Sauerkraut beigeben.

Gewürze dazu und mit Weißwein ablöschen, so daß das Kraut bedeckt ist. Bei geschlossenem Deckel 40 Minuten köcheln lassen. Mit Salz und eventuell etwas Zitronensaft abschmecken.

KARTOFFELBREI MIT GLASIERTEN ÄPFELN
(siehe Rezept Seite 52)

Das kalorienreiche und etwas schwer verdauliche Fleisch braucht einen kräftigen Rotwein von der Art eines Barolo oder roten Rhôneweins als Partner, da sich Fette und Gerbstoffe gegenseitig aufheben. Als Gänsewein überhaupt gilt für mich jedoch der Merlot. Colterenzios Cornelius oder sein Merlot Siebeneich sind phantastische Begleiter zur »heiligen Gans«.

DESSERT: PANNA COTTA
(GEKOCHTE SAHNE)

Das nachfolgende Dessertrezept hat einen Haufen Kalorien, ist allerdings schnell hergestellt und schmeckt einfach traumhaft.

Sahne und Milch mit Zimt, Zitronenschale und Zucker kurz aufkochen lassen. 3–5 Minuten, dann Gewürze entfernen und die eingeweichte Gelatine unterrühren.

In Förmchen füllen und über Nacht im Kühlschrank durchkühlen lassen. Dann aus der Form stürzen.

Besonders schön dazu schmecken Scheiben von Birnen, in Zucker und Weißwein leicht karamelisiert (4–5 Minuten): Zucker auflösen, hellbraun werden lassen, mit Wein ablöschen – schnell rühren – und Birnenscheiben dazugeben.

Zur »gekochten Sahne« gibt es eigentlich nur einen idealen Begleiter – den Moscato d'Asti. Probieren Sie den einfach wunderbar prickelnden und blitzsauberen Moscato von La Spinetta. Giorgio Rivetti zaubert alljährlich den wohl schönsten Moscato Italiens!

$^1/_2$ l süße Sahne
$^1/_2$ l Milch
2 Zimtstangen
Schale $^1/_2$ Zitrone
3 EL Zucker
8 Blatt weiße
Gelantine
2 Birnen
2 EL Zucker
1 Glas Weißwein

**Panna Cotta –
gekochte Sahne
(Rezept
Seite 93)**

VORSPEISE: FELDSALAT MIT GERÄUCHERTEM AAL

100 g Feldsalat
300–350 g
geräucherter Aal
2 Champignons
4 Wachteleier
MARINADE:
2 EL Nußöl
1 EL Traubenkernöl
1 EL Apfel- oder
Weißweinessig
grober Pfeffer

Feldsalat säubern und trocknen. Marinade verrühren, Salat durch die Marinade ziehen und auf einem Teller plazieren. Aal filetieren und in mundgerechten Stücken zum Salat geben. Champignons hauchdünn schneiden und dazu anrichten.

Nur noch gebratene Wachteleier auf den Salat, etwas groben Pfeffer dazu – und fertig!

Am schönsten mit kräftigem Grauburgunder aus dem Ihringer Winklerberg von Dr. Heger oder den Pinots grigios aus dem Friaul von den Superkellern Schiopetto oder Jermann. Ein Fino- oder Manzanilla-Sherry ist ebenfalls ein perfekter Begleiter zu dieser kraftvollen Vorspeise.

HAUPTGERICHT: REHRÜCKEN MIT BURGUNDERSAUCE

DAZU: TELTOWER RÜBCHEN

1 Rehrücken, ausgelöst
und enthäutet
Butter zum Anbraten
Thymian, Wacholder,
Salz und Pfeffer

Knochen vom
Rehrücken
1 Suppenbund
1 Zwiebel
Prise getr. Thymian
Rosmarin,
Petersilienstengel
¹/₂ EL Tomatenmark
¹/₂ l Rotwein,
italienischen,
nicht unter
10 Mark
¹/₂ l Wasser

Den Rehrücken vom Schlachtermeister wie folgt bearbeiten lassen: Filets auslösen, Knochen kleinhacken lassen, Haut und Sehnen von den Filets entfernen. Die Handarbeit vom Schlachtermeister erspart Ihnen viel Zeit und ist bei den Rehpreisen eigentlich selbstverständlich.

Die Rehfilets werden in einer Pfanne in Butter gebraten; bitte nicht zu scharf anbraten, denn es sind keine Schweinekoteletts!

Die Bratzeit beträgt 7–10 Minuten bei mittlerer Hitze. Nach dem Braten läßt man die Filets in Alufolie 4–5 Minuten ruhen. So werden sie saftig und rosa.

Davor bereitet man aus den Knochen mit einem Suppenbund, etwas Thymian, Lorbeerblatt, Wacholder und Petersilienstengel einen Fond. Dazu werden die Knochen in etwas Fett angeröstet, die Gemüse und Gewürze dazu, mit Rotwein bedecken und 2 Stunden sanft köcheln lassen. Dann durchsieben und einkochen lassen, mit etwas Butter binden. Mit Salz und Pfeffer abschmecken – einfacher als man denkt. Und das Vorkochen kann am Vortag erledigt

BURGUNDERSAUCE

Den Rotwein mit dem Fond aufsetzen und würzen. Durch das Reduzieren bekommt der Fond eine gewisse sämige Konsistenz.

Bei größeren Mengen muß man zur Bindung etwas Mehlbutter beigeben: Das Verhältnis ist auf 50 g Butter 20 g Mehl. Beides in einer kleinen Schüssel gut durchkneten und langsam nach und nach in den Fond geben.

Der Geschmack leidet ein wenig darunter, also den Fond etwas länger köcheln lassen, damit der Mehlgeschmack verschwindet.

½ l Rotwein –
Burgunder oder
Spätburgunder
½ l Fond (Reh-, Kalb-
oder Geflügelfond)
2 EL Portwein
etwas Salz und Pfeffer

WEITERE FONDS:

<u>Geflügelfond:</u> Die Knochen fein hacken, Mägen von Fett befreien. Gemüse grob würfeln. In einem großen Topf oder einer Bratrein mit Olivenöl anbraten. Gemüse zugeben und mit dem Tomatenmark leicht weiter rösten lassen. Mit Rotwein ablöschen und mit Wasser aufgießen, so daß die Knochen bedeckt sind. Sämtliche Gewürze zugeben. Alles 2 Stunden köcheln lassen. Dann durch ein Sieb passieren.

<u>Kalbsfond:</u> Zutaten wie beim Geflügelfond, nur statt Geflügelknochen walnußgroße Kalbsknochen verwenden. Zusätzlich kann man noch etwas frische Kräuter, Petersilienstengel oder Kerbel dazugeben. Während der Kochzeit ständig den Schaum mit einer Kelle abheben.

TIP: Die Fonds nicht salzen, da durch das Einkochen schon ein sehr würziges Aroma entsteht. Sie halten sich bedeckt eine Woche im Kühlschrank. Ich friere mir Fonds in kleinen Joghurtbechern portionsweise ein, so habe ich immer eine traumhafte Sauce zur Hand.

2 kg Geflügelknochen,
Hälse und Mägen
bzw. Kalbsknochen
2 Möhren
1Stange Lauch 300 g
Knollensellerie
1 Zwiebel
1 TL getr. Thymian
und Rosmarin
1 ungeschälte
Knoblauchzehe
10 Pfefferkörner
1 Lorbeerblatt
4 Wacholderbeeren
Öl zum Anbraten
0,7 l Rotwein
1 EL Tomatenmark
Wasser zum Angießen

TELTOWER RÜBCHEN

Die Teltower Rübchen schälen, halbieren und garkochen. Zucker mit Butter in einer Pfanne leicht verrühren und die vorgegarten Rübchen darin kurz wenden, so daß sie etwas Farbe und Süße annehmen.

500 g Rübchen
Salz, Zucker
Butter zum
Andünsten

Gönnen Sie sich einen verführerischen Pommard oder Vosne-Romanée oder gar Romanée-Conti zum beliebtesten Haarwild Europas. Wer es kräftiger mag, liegt mit Côte-Rôtie von Gaigal oder dem Cornas von Colombo genau richtig.

DESSERT:
TIRAMISU

2 Eigelb
100 g Zucker
3 EL Orangenlikör
oder Amaretto
250 g Mascarpone,
eventuell mehr!
1 Packung
Löffelbiskuits (175 g)
2 Tassen Espresso
Kakaopulver

Eigelb mit Zucker und Likör aufschlagen, Mascarpone dazugeben und zu einer sämigen Creme verrühren. Sollte die Creme zu dünn werden (Eigelb zu groß), unbedingt mehr Mascarpone nehmen. Die Creme soll eine sämige, aber feste Masse sein!

Espresso kochen und auskühlen lassen. Biskuits in Espresso tränken. Dann in einer Form das Tiramisu schichten, mit etwas Creme beginnen, dann getränkte Biskuits usw.

Zum Schluß dick mit Kakaopulver bestreuen und für 3–4 Stunden in den Kühlschrank stellen.

Ein Dessert zum Süchtigwerden.

Toll dazu sind traubig-frische Eisweine, die allesamt das Kaffeearoma subtil hervorheben. Ein Klassiker zum italienischen Leibdessert ist ein Recioto di Soave von Gini oder der fast vergessene Marsala aus gutem Hause.

Manni:

»Bayern ist mein Urlaubsland, tolle Berge, tolle Küche, tolle Musik oder so«

BAYRISCHES KRAUT

1 kg Weißkohl,
in Streifen geschnitten
100 g durchwachsener
Speck, in Streifen
geschnitten
$^1/_4$ l Fleischbrühe
(evtl. etwas mehr)
$^1/_2$ TL Zucker
$^1/_2$ TL Kümmel
1 Zwiebel, gewürfelt
Butter

Die Zwiebel und den Speck glasig andünsten, Kraut mit Gewürzen, Kümmel, Salz und Pfeffer beigeben. Ganz leicht mit etwas Zucker bestreuen. Mit Brühe aufgießen und bei geschlossenem Deckel 30 Minuten bei mittlerer Hitze schmoren lassen.

Eventuell mit etwas Weißweinessig abschmecken.

Beim Wein ist der grüne Veltliner der Favorit als Alternative zum Weizenbier.

WURSTSALAT
BAYRISCHER

500 g Fleischwurst,
Krakauer, Lyoner
oder gemischt,
mind. 2 Sorten
1 Zwiebel,
klitzeklein geschnitten
2 Gewürzgurken
10 Radieschen,
dünne Scheiben
3 EL Olivenöl
3 EL Weißweinessig
1 TL mittelscharfer
Senf, Petersilie
Olivenöl

Zwiebeln schälen und in feine Würfel schneiden, in Olivenöl andünsten, mit etwas Wasser ablösen und 5–6 Minuten dünsten lassen. So sind die Zwiebeln magenfreundlicher. Fleischwurst pellen und in Scheiben schneiden wie Gewürzgurken und Radieschen auch. Öl, Essig und Senf verrühren, Wurst, Zwiebel, Gurke und Radieschen dazu, mit Petersilie bestreuen und mit etwas Pfeffer würzen.

Eine Stunde durchziehen lassen, dann mit Brezeln, Brot und Weißbier servieren.

Daheim in Baden trinkt man Gutedel zum Wurstsalat – und das schmeckt einfach phantastisch frisch.

KALBSHAXN MIT KARTOFFELKNÖDELN

1 Kalbshaxe, ca. 800-900 g mit Knochen, gesalzen und mit Kümmel eingerieben
1 Suppenbund
1 Zwiebel
500 g Kalbsknochen
1 TL Tomatenmark
¼ l Weißwein, kein Riesling
1 Knoblauchzehe
etwas Wasser

Kalbshaxn salzen und pfeffern und mit leicht zerstoßenem Kümmel einreiben, dann in Butaris anbraten.

Die Gemüse und die Knochen beigeben und etwas Farbe annehmen lassen, nun den Knoblauch und das Tomatenmark beigeben und mit Weißwein und Wasser aufgießen. Die Knochen und das Gemüse sollten von der Flüssigkeit bedeckt sein. Bei 200°C im vorgeheizten Backofen 2 Stunden schmoren lassen, in der zweiten Stunde die Hitze auf 180°C reduzieren. Die Kalbshaxn aus dem Ofen nehmen, Knochen und Gemüse durch ein Sieb passieren. Den aufgefangenen Bratensaft leicht einkochen lassen, mit Salz und Pfeffer würzen.

KARTOFFELKNÖDEL

FÜR 4 GROSSE ODER 8 KLEINE KARTOFFELKNÖDEL:
1½ kg Kartoffeln, mehlig-festkochend
Butter
1 Ei
50 g Weizengrieß
30–40 g Speisestärke
Salz, Pfeffer, Muskatnuß

Kartoffeln waschen und mit der Schale in Salzwasser 20 Minuten garen, abgießen und völlig auskühlen lassen. Die kalten Kartoffeln pellen und durch die Presse drücken. Mit dem Ei, Grieß, 20 g Speisestärke verkneten und mit Salz, Pfeffer und Muskatnuß kräftig abschmecken.

Die Hände mit Speisestärke bestäuben und 4 große oder 8 kleine Knödel drehen. In einem großen Topf viel Salzwasser erhitzen. Die Knödel ins kochende Wasser geben, einmal aufwallen lassen. Dann bei mittlerer Hitze in 25–30 Minuten garziehen lassen. Mit einer Schaumkelle herausnehmen.

Ein Beaujolais-Cru wie der Fleurie oder der kräftigere Morgon oder ein würziger Riesling aus Franken sind tolle Alternativen zum Bier.

SEMMELKNÖDEL MIT PFIFFERLINGEN

Semmeln kleinschneiden und in eine Schüssel geben. Speck und Schalotten in Butter andünsten (4–5 Minuten), Milch lauwarm werden lassen. Alles mit der gehackten Petersilie zu den Semmelscheiben geben – nicht durchrühren! 20 Minuten durchziehen lassen, dann die verquirlten Eier dazu. Mit Salz, Pfeffer und Muskat würzen. Jetzt die Masse durchkneten und die Semmelscheiben damit gut zerstückeln. Aber nicht zu sehr durchmatschen – es soll leicht und lecker sein!

Knödel formen und in heißem Salzwasser, das nicht mehr kochen darf, 13–15 Minuten leise ziehen lassen. Dann mit Pfifferlingen servieren.

FÜR 8–10 KNÖDEL:
10 altbackene
Semmeln (Brötchen)
0,2 l lauwarme Milch
60 g Butter
2 Schalotten, klitze-
klein geschnitten
1/2 Bund Petersilie
50 g durchwachsener
Speck
2 Eier
Salz, Pfeffer, Muskat

PFIFFERLINGE IN RAHM

Pilze putzen und unbedingt trockenwischen. Die Pfifferlinge mit einem feuchten Tuch reinigen geht auch, ist aber mühsam.

Butter in einer Pfanne zerlassen, Pilze bei hoher Hitze scharf anbraten – die Pfifferlinge müssen leicht quietschen. Je nach Pfannengröße jeweils nur die Hälfte anbraten, also zwei »Anbratphasen«. Danach die Pilze salzen und pfeffern, mit Fond und Sahne begießen. Petersilie oder Schnittlauch dazu und gut 5–6 Minuten köcheln lassen.

Wer möchte, würzt mit einer durchgepreßten Knoblauchzehe und Zitronensaft.

Das Ganze soll eine sämige Konsistenz haben, eventuell etwas mehr Fond oder Sahne nehmen – je nach Geschmack.

400–500 g
Pfifferlinge, geputzt
und getrocknet
2 Zwiebeln
1 Knoblauchzehe
0,2 l Kalbs- oder
Geflügelfond
(ersatzweise Glasware)
1 1/2 Becher
süße Sahne
1/2 Bund Schnittlauch
oder glatte Petersilie
Zitrone, Salz, Pfeffer

🍷 *Ein Spätburgunder Rotwein aus Baden oder*
von der Ahr ist den Pfifferlingen gewachsen und
macht die Knödel zu einem Leibgericht.

OBATZTER

100 g Bavaria-Blue
100 g Camembert,
entrindet
100 g Frischkäse
(Philadelphia)
50 g Butter
4–5 Stangen
Frühlingszwiebeln
nach Bedarf
Schnittlauch
Salz und Pfeffer
Paprikapulver

Der Obatzte gehört in Bayern zu jeder anständigen Brotzeit. Die Käsesorten werden mit der lauwarmen Butter zerdrückt. Bitte nicht zermatschen, sondern nur grob zerdrücken. Fein geschnittene Frühlingszwiebel unterheben.

Der Obatzte schmeckt frisch serviert mit Weißbier und Brezeln. Wer möchte, schmeckt ihn noch schärfer ab, mit frisch zermörstem Pfeffer oder Paprika.

Die Gewürze, Pfeffer, Salz und Paprika (scharf), kommen zum Schluß zum Käse.

Trockene Rieslinge und grüne Veltliner
ersetzen das Bier mühelos.

MEIN KÄSE-KULT

Käse gibt es seit Urzeiten, er hat
eine lange Geschichte und Tradition.
Schon vor dem frühen Mittelalter
gab es nachweislich verschiedene
Käsesorten. Milch war im Überfluß
vorhanden, und verschiedene
Geschmacksnuancen erreichte man
durch Lagern und Waschen der Käsesorten. Somit hat sich bis heute ▶

CAMEMBERT AU LAIT

CROTTIN
GEREIFT

CROTTIN DE MAIC
FRISCH

EMMENTALER
(SCHWEIZ)

GORGONZOLA

ROQUEFORT

COMTE

ST. MAURE
DE TOURAINE

PARMIGIANO
REGGIANO

PETIT LANGRES

BRIE DE MEAUX

relativ wenig geändert, denn Käse besteht Gott sei Dank immer noch aus Milch, sei es von Kuh, Ziege oder Schaf. Bis vor einigen Jahren beschränkte sich mein Käseverzehr auf die handelsüblich angebotenen Sorten. Da meine Heimatstadt zu den kulinarischen Hochprovinzen in Deutschland zählte und zählt, gab es hauptsächlich Billiggouda, Plastik-frischkäse und Schmierversionen. Bis auf Ausnahmen hat sich bis heute wenig geändert. Erst durch meine Kochaktivitäten kam ich zum hoch-wertigen Rohmilchkäse.

Über Rohmilchkäse, der vorwiegend aus Frankreich kommt, muß man schon einige Fachkenntnisse besitzen, da langt es nicht, nach dem Gewicht zu fragen oder kleingeschnittenen Fabrikkäse happenweise im Laden zu verteilen.

Habe ich heute Lust und Appetit auf Rohmilchkäse, geht's ab nach Hamburg. Hier habe ich in Frau Nägele eine äußerst versierte Käsefrau kennengelernt, mit der ich gemeinsam meinen Bedarf an Rohmilchkäse erforschen kann. Immer hat sie neue Sorten und neue Ideen. Also überwinden Sie sich, und kaufen Sie Rohmilchkäse fach-lich versiert, also richtig gekühlt, gelagert und erklärt.

Die nachfolgenden 10 Sorten sind sogenannte Einsteiger und natürlich beliebig erweiterbar. Sie sollten beim Essen die Rinde vom Käse entfernen, so bekommen Sie vollsten Käsegenuß.

LANGRES – PETIT LANGRES

Weichkäse aus Frankreich mit oran-genfarbener Rinde und kleiner Mulde in der Mitte. Er schmeckt reif beson-ders lecker.

CAMEMBERT AU LAIT CRU NORMANDIE

Ein Muß auf jeder Käseplatte. Dieser Kuhmilchkäse aus der Normandie schmeckt mir von allen Camembert-Typen, die es gibt, am besten. Der geschmeidige, würzige Teig muß leicht aus dem Käse laufen. Dazu feinstes Nußbrot und einen großen weißen Burgunder der Spitzenklasse.

CROTTIN DE CHAVIGNOL

Mein Lieblingsziegenkäse kommt aus der Provinz Berry Touraine in Frankreich. Die ausgereifte Version hat eine leicht gelbliche Rinde und ein nußartiges Aroma. Beim Frischkäse schmeckt man den unverwechselbaren feinen Ziegenmilchgeschmack schön heraus. Er muß als reifer Crottin einen kleinen bläulichen Schimmel haben.

PARMIGIANO REGGIANO

Ohne ihn läuft in der Käseküche gar nichts. Zum Überbacken, auf Nudeln, in Saucen oder solo mit ein paar Oliven ist er in fester Qualität ein zuverlässiger Kochpartner. In Tüten verpackt, feucht und halb vertrocknet in Folie gedonnert, sollte er lieber im Kaufhaus bleiben. Unbedingt auf den Original-Schriftzug »Parmigiano Reggiano« auf der Rinde dieses wun-

Verkauft feinsten Käse: Frau Nägele

dervollen Käses achten. Im Kühlschrank hält er sich, nicht abgedeckt in einer Porzellanform liegend, hervorragend. Er sollte erst kurz vor dem Verbrauch gerieben werden, sonst ist das Aroma futsch.

COMTE

Fruchtig-aromatischer Hartkäse aus dem französischen Jura. Er schmeckt mild-nussig und etwas elegant, ideale Reife und vollsten Geschmack entwickelt er, wenn er 10 Monate gereift ist. Er ist ideal zum Überbacken und paßt sich feinen Saucen ideal an. Er wird aus nichtpasteurisierter Kuhmilch gemacht und hat eine gelbliche Rinde.

BRIE DE MEAUX

Fetter (45%), eleganter und duftiger Brie. Richtig gereift – also auslaufender Teig – ist er ein Hochgenuß, er darf eine bräunliche Flora auf der Rinde haben, aber keine braunen Stellen. Genießen Sie den goldgelben Brie mit ein paar frischen Feigen oder auf Schwarzbrot mit hauchdünner Banane – kcincr glaubt es, ist aber sehr lecker.

EMMENTALER

Dieser vollmundige, nach feiner Süße schmeckender Hartkäse kommt aus dem schweizerischen Kanton Bern.

Je länger gereift, desto feiner im Geschmack. Wenn sich kleine Aromakristalle im Käse bilden und er perfekt gelagert wurde, dann ist er unverwechselbar. Ideales Verzehralter: zwei Jahre. Er schmeckt solo am besten.

ROQUEFORT

Der Blauschimmelklassiker aus Schafsmilch. Unverwechselbar sein Geschmack und sein blau-grüner Schimmel. Unbedingt nach Qualitäten aus kleinen Käsereien fragen, so bekommt man einen feineren, durchzogeneren Teig. Als Sauce zu Bandnudeln oder als Raviolifüllung, verbunden mit einem Süßwein aus dem Sauternes oder dem Rheingau eine unwiderstehliche Geschmackskombination.

GORGONZOLA

Unbedingt nach Gorgonzola Fior aus kleinen Käsereien fragen (Galbani ist eine Käsefabrik). Denn nur so bekommt man den richtigen sahnigen, an Nüsse erinnernden Geschmack. Er schmeckt in Salaten, zu Nudeln oder solo auf Bauernbrot mit frischen Feigen.

ST. MAURE DE TOURAINE

Für deutsche Käseverhältnisse sieht der St. Maure schon eigenartig aus: eine Rolle, in Asche gewälzt und mit einem Strohhalm in der Mitte. Keine Angst! Der wird zur Stabilisierung benötigt, und die Asche hilft der Konservierung. Schmeckt frisch etwas säuerlich, aber angenehm nach Ziege. Im reifen Zustand erinnert sein Geschmack an geröstete Nüsse.

MEIN WEG ZUM WEIN ODER »WAS FÜR'N WEIN?«

Natürlich habe ich mit Mateus Rosé, Kalterer See und Wohnzimmerweinproben begonnen. Bis der erste Schluck Bordeaux und das erste richtige Glas Riesling alles Vorherige vergessen ließen. Wenn ich heute noch darüber nachdenke, was für Sektsorten man verzehrt hat, wird mir jetzt noch schlecht. Aber was soll's, wo ein Anfang ist, da ist auch ein Wein. Also wurde erforscht: Wo kommt der Bordeaux genau her? Wieso ist der Riesling nicht sauer? Nach zwei bis drei Jahren und einigen Büchern und Proben fand ich nicht nur die Lösung, sondern noch mehr Bordeaux, Riesling, Chardonnay – und schon war der ▶

Weingeschmack im Kommen. Zahllose Weinproben, fachlicher Rat von Freund Ralf Frenzel und die ersten Großgewächse ließen nicht lange auf sich warten. Dazu wurden passende Gläser gekauft, Karaffen besorgt und eine weitere Lage Weinbücher gelesen. Nach sieben bis acht Jahren kamen die ersten Abos für Weinzeitschriften hinzu. Heute ist mir klar, daß man nicht jede mit Werbung vollgestopfte und unübersichtliche Zeitung braucht. Also Vinum, Mario Scheuermanns Wein-Degustation, Willsbergers Gourmet und Schluß. Wichtige weitere Weininformationen werden heute durchgefaxt oder besprochen. Irgendwann und -wo trifft man immer einen Weinfreund mit anderen Tips und Trends. Meine Tips beschränken sich auf meine Lieblingsweingüter, die ich im nachfolgenden kurz beschreiben möchte. Bei ihnen werde ich seit Jahren gut bedient. Es sind, das möchte ich erwähnen, meine ganz persönlichen Vorlieben, und ich kann nur jedem empfehlen, sich eine Auswahl von meinen Lieblingswinzern zu besorgen, denn sie können eigentlich keinen Fehler machen – es müßte sich schon um einen ganz miserablen Jahrgang handeln. Bleibt noch zu erwähnen, daß ich nicht der große Weinexperte sein will, da mein Schwerpunkt immer die Küche sein wird. Aber ein genüßlicher Weintrinker bin ich geworden und werde es auch bleiben. »Was für'n Wein?«

SCHLOSS REINHARTSHAUSEN

Prachtvoll liegt das Schloß, frisch restauriert, am Rhein. Verwalter August Kesseler produziert Spitzenweine im »Spitzenschloß«. Intensive Rieslinge, feine Süße und elegante Frucht, das fällt mir ein, wenn ich an Reinhartshausen denke. Die Chardonnay/Weißburgunder-Cuvée muß man getrunken haben, genau wie einen Riesling älteren Datums.

WEINGUT GEORG BREUER

Bernhard Breuer, einer der Mitinhaber des Weinguts, ist ständig auf Achse in Sachen Wein. Sein typischer Rheingauer Riesling ist überall gefragt, von Japan bis nach Amerika. Und trotzdem hat er noch Zeit für unvergessene Weinproben im Keller oder Salon. Immer fachlich versiert, leicht und locker – so ist er, unser Bernhard Breuer. Unbedingt den Apfelschnaps und Sekt probieren und im angeschlossenen Rüdesheimer Schloß Blutwurst essen und übernachten. Durch Breuers Rieslinge bin ich auf den »Rheingauergeschmack« gekommen, ausdrucksvoll, »terroir«-betont und köstlich.

AUGUST KESSELER

Er macht runde und elegante Rotweine, der August Kesseler. Aus seinem Weingut in Assmannshausen kommt dazu noch ein wunderschöner Silvaner (der Sommerwein) und ein Riesling von Format, der erst in drei bis fünf Jahren getrunken werden sollte. Kesseler betreut auch das Weingut Schloß Reinhartshausen in Eltville, ist ein gefragter Winzer der Spitzenklasse und ständig in Bestform. Weiter so, August. Unbedingt das Weingut in Assmannshausen besuchen, aber vorher anrufen.

KARL-HEINZ JOHNER

Seit 1981 produziert der sympathische Karl-Heinz Johner vorzügliche Rot- und Weißweine in Vogtsburg/Baden. Er baut seine Weine grundsätzlich im kleinen Holzfaß aus und gibt ihnen einen unnachahmlich angenehmen Ton. Diese Weine passen hervorragend zu meinen Speisen. Nachdem ich Karl-Heinz Johner persönlich kennengelernt habe, ist mein Weinvorrat gesichert. Meine Lieblingsweine: Weißburgunder/Chardonnay, Rivaner und Spätburgunder Serie SJ – da werden Rotweinträume wahr.

GRAF ADELMANN, WÜRTTEMBERG

Samtrote, gehaltvolle Rotweine von Graf Adelmann sind eine ideale Ergänzung zu meinen Gerichten. Nach intensiven Gesprächen mit dem Grafen und ständigem »Herantrinken« gefallen mir seine Weine immer besser. Die Rieslinge sind nicht nur trocken ausgebaut, sondern harmonisch, von dezent reifer Süße und mit feiner Struktur. Unbedingt den Spätburgunder probieren, wenn Sie auf der Burg Schaubeck sind, der Graf schenkt gerne ein.

WEINGUT KNIPSER, LAUMERSHEIM/PFALZ

Macht große Weine am laufenden Band, der Werner Knipser. Ich erinnere mich gerne an eine Weinprobe bei wunderschönem Sommerwetter an einem Sonntagmorgen. Alle Weine wurden perfekt degustiert und mit Genuß getrunken. Erst seitdem weiß ich die Weine von Knipser richtig zu schätzen. Er macht einen überraschend schönen Chardonnay und Weißburgunder und ist vom »Feinschmecker« zum Winzer des Jahres gewählt worden. Ist doch schön, oder?

INTERNATIONALE WEINE

Meine internationalen Weine, also Burgunder und Bordeaux, kaufe ich fast ausschließlich bei Peter Balzerowiak. Er ist Verkaufsberater bei der Firma Wein-Art in Eltville. Durch die jahrelange Verbindung ist mit ihm eine richtige Weinfreundschaft entstanden, die nicht nur ans Verkaufen denken läßt. Seine fachliche Versiertheit, der trockene Humor und das immer offene Ohr (»Was für'n Wein?«) haben ihn zum Freund der Familie gemacht.
Alles, was ich bei ihm nicht bekomme, besorgt mein engster Freund Walter Dienstbier, der immer was Neues im Kofferraum hat. Alles weitere besorgt natürlich Claudia Stern, deren exzellentes Weinwissen irgendwie über allem schwebt. Was für'n Wein?

KLEINE HILFE FÜRS KAUFEN UND KOCHEN

OBST, GEMÜSE UND GEWÜRZE...

AUBERGINEN

Die anpassungsfähigste Frucht, die es gibt. Ihr weißes Fruchtfleisch paßt zum Gemüseeintopf genausogut wie zum Gratin. Als Mus mit Sahne, Knoblauch und Zitrone aufs Brot gestrichen, ist sie ein Hochgenuß. Leider sind auf dem Markt fast nur Treibhausfrüchte zu bekommen, also nach länglichen Auberginen aus der Türkei oder Südfrankreich suchen. Ein Vorsalzen der Früchte, um ihnen die Bitterstoffe zu entziehen, ist nicht mehr nötig. Das weiße Fruchtfleisch ist jetzt anpassungsfähig und mild. Roh darf die Aubergine nicht gegessen werden. Vor dem Verarbeiten nur gründlich abwaschen. Topqualität hat eine schöne violette Farbe und keine braunen Stellen.

116

ÄPFEL

Zu Äpfeln nur so viel: Wir Deutschen haben die besten Äpfel der Welt! Ich weiß nicht, ob wir Sorten aus Chile, Afrika und Neuseeland brauchen. Ich benutze deutschen Boskop am liebsten.

BROCCOLI

Werden in ganz Europa angebaut und sind das ganze Jahr frisch auf dem Markt. Unbedingt nur frische Ware verwenden, unter Einfrieren und so weiter leidet der kleine Kohl mit den hübschen Röschen. Broccoli mit gelben Stellen oder welken Blättern im Kaufhaus lassen. Vor Gebrauch unbedingt das Strunkende und die kleinen Blätter entfernen. Der Stiel kann, geschält und kleingeschnitten, mitgekocht und gegessen werden. Broccoli vor Gebrauch immer in Salzwasser 3–4 Minuten vorblanchieren, danach kalt abschrecken und weiterverarbeiten. In Italien gibt es violette Broccolisorten, die sich aber im Geschmack nicht wesentlich von der normalen Sorte unterscheiden. Abgepackte Folienware direkt im Kaufhaus kontrollieren – so kauft man Broccoli.

BUTTER

Wenn man Sahne so lange schlägt, daß sich das Milchfett von der Flüssigkeit trennt, dann entsteht Butter. Sie ist unentbehrlich in der feinen Küche. Im Handel ist fast ausschließlich Sauerrahmbutter im Angebot. Ich benutze nur ungesalzene Süßrahmbutter und muß deshalb des öfteren auf Buttersuche gehen, denn oft sind die Vorräte in meinem Geschäft aufgebraucht. Aber das Suchen lohnt sich: Süßrahmbutter ist milder, sahniger, buttriger und oft goldgelb. Benutzt man Butter zum Braten, muß diese geklärt werden. Dazu Butter in einem Topf bei schwacher Hitze flüssig werden lassen, den Schaum entfernen und in einen anderen Topf umgießen. Jetzt kann das Anbraten ohne Verbrennen losgehen. Aromatisierte Fertigbutter wie Kräuter- oder Grillversionen sind vorsichtig anzuwenden, da sie oft künstlich gewürzt sind. Also lieber eine Kräuterbutter selbstgemacht und den Mischkram beim Kaufmann gelassen, gleich neben der Margarine.

CAYENNEPFEFFER

Cayennepfeffer ist gemahlener Pfeffer aus den Vogelaugenchilis, also besonders scharf, beste Qualität von Spice Islands. Auch aus Chilischoten sind Sambal Oelek und Tabasco, beide leicht zu dosieren, sie schmecken mir aber zu synthetisch. Eine würzige Chilipaste kommt aus der Provence und heißt Harissa. Als Dosenware immer öfter erhältlich, noch ein Geheimtip – greifen Sie zu.

CHAMPIGNONS

Unser Lieblingspilz, immer da, immer günstig, immer gut. Es gibt ihn weiß, cremefarben und braun-rosa. Rosa Champignon haben das schönste Aroma, sind leider jedoch etwas teurer. Man kann Kappe und Stiel verwenden, darf die Pilze allerdings nie waschen, also mit einem feuchten Lappen die minimalen Sandspuren entfernen. Speisen mit gezüchteten Champignons können wieder aufgewärmt werden. Roh über Salat gehobelt, entfaltet der tolle Pilz sein ganzes Aroma. Nur als Dosenware schmeckt er nach Wolldecke oder Taucheranzug! Also: Wenn Sie meine Küche schätzen, kaufen Sie keine Champignons in Dosen – außer, Sie wollen die Welt umsegeln, allein, versteht sich.

CHILISCHOTEN

Chilischoten gibt es getrocknet und frisch, in Rot, Grün oder Gelb, dazu in verschiedenen Größen und Schärfen. Die bei uns erhältliche kleine grüne Schote ist die schärfste, etwas milder sind die mittelgroßen roten Schoten. Frische Chilischoten werden der Länge nach aufgeschlitzt, entkernt und klitzeklein geschnitten. Da alle Sorten scharf sind, unbedingt nach dem Verarbeiten die Hände waschen. Getrocknete Schoten dürfen keine hellen Flecken haben und nicht muffig riechen. Große getrocknete Schoten sind in der Regel etwas milder, mit Ausnahmen. Wer mit Chili kochen will, muß sich langsam an die Aromastärke dieser wundervollen Schoten herantasten. Ich habe dazu Jahre gebraucht und vergreife mich heute noch das eine oder andere Mal. Notruf der Feuerwehr 112.

ERDBEEREN

In letzter Zeit habe ich das Gefühl, daß die Erdbeere besser aussieht, als sie schmeckt. Was ich so im letzten Sommer probiert habe, war nicht das Gelbe vom Ei. Also vor dem Einkauf unbedingt probieren, oder besser selbst pflücken und nur die dicken, roten ins Körbchen geben – gell. Die Sortenvielfalt scheint unübersehbar. Ich sage nur Sengana Serena – wenn Sie diese Sorte erhalten, steht dem Erdbeergenuß nichts mehr im Wege. Saison ist von Anfang Mai bis Ende Juli. Auf Ware aus Afrika, Australien oder Neuseeland zur Winterzeit können wir verzichten.

EIER

Solange wir nicht bereit sind, für ein sauberes, gutes, frischgelegtes Ei 50 bis 60 Pfennig zu bezahlen, werden wir uns unseren Körper weiterhin mit verseuchten Massenklumpen, die aussehen wie Eier, den Magen verderben.

ESSIG

Noch nie gab es so ein umfangreiches Essigsortiment im Handel wie zur Zeit. Die Zahl der Fruchtessige nimmt ständig zu und geht von Sauerkirsch über Mirabelle bis zur Brombeere, alle in Topqualität zu moderaten Preisen zu haben. Marktführer ist der Essigdoktor Wiedemann in Venningen mit über 40 Sorten, gefolgt von Robert Bauer in Flein mit über 20 Sorten. Bauer macht den besten deutschen Balsamicoessig – elegante Säure, feine Süße, einfach wunderschön. Im Hamburger Alsterhaus und im KDW, Berlin, erhältlich. Also auf zum Essigkauf, das Experimentieren mit den einzelnen Geschmacksnuancen macht Spaß und bringt endlich Aroma in die sonst so saure Essigwelt. Balsamicoessig wird in unterschiedlichen Qualitäten angeboten. Er kommt aus Modena, einer wunderschönen Stadt in Italien – also achten Sie beim Kauf auf das Herkunftsland. Durchschnittliche Qualität ist für 15 bis 20 Mark zu bekommen, Industriebalsamico gibt es schon für 5 Mark, und so schmeckt er auch. Bitte nicht sparen beim Essigkauf. Er hält lange, sollte dunkel und kühl gelagert werden, darf allerdings nie in den Kühlschrank. Außer Balsamicoessig verwende ich nur guten Rot- und Weißweinessig, vielleicht mit einem Hauch Schalotten oder Estragon.

FENCHEL

Fenchelknollen schmecken roh und gekocht. Sie haben einen Hauch von Anis und sind ideale Begleiter zu Fischgerichten und Salat. Das Fenchelgrün unbedingt kleingehackt mitverwenden – tolles Aroma. Braune Stellen und den holzigen. Strunk vor Gebrauch entfernen.

KARTOFFELN

Lieblingsnahrung der Deutschen. Hervorragende Beilage zu Fisch, Fleisch und Geflügel, aber auch solo als Frühkartoffeln mit Olivenöl oder Butter einfach köstlich. Festkochende Ware wie Sieglinde, Grata oder Linda eignet sich für Salate oder Gratins. Für Püree, Knödel oder Gnocchi unbedingt mehligkochende Knollen verarbeiten. Sie sollten dunkel und trocken liegen. Zum Einlagern nur späte Sorten verwenden.

KNOBLAUCH

Knoblauch ist eines der besten und gesündesten Gewürze, die ich kenne. Er senkt den Blutfettspiegel, wirkt blutdrucksenkend, schützt vor Herzinfarkt – alles ist medizinisch und wissenschaftlich nachgewiesen. Also auf zum Knoblauchgenuß! Knobi gibt es das ganze Jahr über, die Knollen sollen fest und ohne braune Stellen sein. Der frische Knobi im Frühjahr hat das schönste und eleganteste Aroma, getrocknete Knollen im

Winter können schon mal bitter sein. Der grüne Keim im Inneren des Knoblauchs kann nach Bedarf mitverwendet werden, obwohl viele ihn herausschneiden. Ich habe noch nicht bemerkt, daß er bitter schmeckt. Einen Hauch von Knobi kann man erzielen, wenn man die Salat- oder Gratinschüssel nur leicht ausreibt. Er kann gehackt, gehobelt oder zerdrückt werden, sein typisches Aroma verliert er nie. Feingehobelt mit Olivenöl und Meersalz auf einer gerösteten Weißbrotscheibe ist er ein Genuß.

KÜMMEL

Immer nur einen Hauch Kümmel nehmen, er ist das Gewürz mit dem starken Eigengeschmack. Die Körner vor dem Verarbeiten leicht zerhacken, so entfaltet er das unverwechsebare Aroma. Kümmel paßt zu Sauerkraut, zu Brot, Kohl- und Gemüseeintöpfen. Bitte nicht zu Salaten oder feinen Saucen benutzen! Aber immer eine Prise ins Kochwasser für Pellkartoffeln.

NUDELN

Wer keine Lust und Zeit hat, die Pasta selbst zu machen, ist mit Industrieware gut bedient. Barilla, Birkel und Martelli usw. bieten unter phantasievollen Namen gute Qualität. Man hat die Wahl zwischen Nudeln aus Hartweizengrieß, mit und ohne Ei. Selbsthergestellte Pasta mit Eigelb sollte man sofort verbrauchen, bei Tütennudeln auf's Verfallsdatum

achten. Ich persönlich esse Tütenware aus Hartweizengrieß ohne Ei und frische Pasta mit Ei. Bandnudeln und Spaghetti nehmen am besten schlanke Saucen auf, Farfalle und Makkaroni sind ideale Begleiter für Ragouts. Und keine Sorge, auch ich habe mit Miracolimischung angefangen – war auch keine schlechte Zeit.

OLIVENÖL

Gutes Olivenöl ist ein wichtiger Bestandteil meiner Küche. Dieses unverwechselbare Aroma, mal mehr, mal weniger kräftig, ist einfach unwiderstehlich. Zwei Sorten stehen bei mir im Küchenschrank. Eines aus der Toscana von Nittardi, leicht bitterer Ton, aber frisch, fruchtig und elegant, und eines aus der Provence, etwas aromatischer und mit schönerer Säure. Beim Kauf von Olivenöl auf Extra Vergine oder Vierge Extra achten, nur so bekommt man Topqualität. Suchen Sie sich Ihren Öltyp heraus, indem Sie einen Löffel solo probieren. So erkennt man die Aromen, die Eleganz und den Duft am besten. Olivenöl gehört nicht in den Kühlschrank. Es eignet sich zum Dünsten, Braten und Fritieren, sollte aber nicht über 210°C erhitzt werden.

PAPRIKA

Paprika, getrocknet und gemahlen, hat eine interessante Würze. Es gibt mehrere Sorten. Zwei, die überall angeboten werden, sind: edelsüß und Rosenpaprika (scharf). Wer ungarischen bekommen kann, sollte unbedingt zugreifen, er ist süß und scharf. Frische Paprikaschoten kaufe ich nur, wenn ich Früchte aus Spanien oder der Türkei bekomme, da ich keine Computerware aus Holland kaufe – aus Prinzip. Die spanische Sorte ist etwas spitz in der Form und von herrlich süßem Geschmack. Ebenso die Ware aus der Türkei. Die Schoten werden bei mir grundsätzlich mit einem Sparschäler geschält und dann verarbeitet (außer beim Füllen). So ist die Paprikawürze magenfreundlicher und bekömmlicher. Paprikapulver hält sich nur begrenzt und verliert schnell an Aroma, also nur in kleinen Mengen kaufen.

PFEFFER

Pfeffer immer in ganzen Körnern kaufen, denn gemahlener Pfeffer hat weniger Aroma und taugt nicht viel. Ich setze noch einen drauf: Bei mir wird Pfeffer in einem Mörser nach Bedarf gemörst – volles Aroma, volle Entfaltung, herrlicher Duft. Schwarzer Pfeffer ist schärfer als weißer, grüne Pfefferkörner vor der Verwendung leicht zerhacken. Pfeffer immer zum Schluß an die Speisen geben, außer er wird in Suppen oder Eintöpfen mitgeschmort. Die Krönung: selbstgemörster Sichuanpfeffer zum Steak oder Lammfleisch – eine ideale Aromakombination. Diesen Sichuanpfeffer gibt es immer häufiger in Asiashops oder Kaufhäusern. Unbedingt zugreifen!

REIS

Gleich vorweg, Beutelreis existiert für mich nicht. Es ist unerklärlich, wieso diese Köstlichkeit im Beutel kochen muß. Wir hängen ja auch keine Kartoffeln in den Topf. Wer genug von Langkornreis hat, sollte unbedingt Basmati- oder thailändischen Duftreis probieren. Diese asiatische Köstlichkeit kocht man in Salzwasser, leicht bedeckt, bei kleinster Hitze. Ich lasse das Wasser mit dem Reis immer aufkochen und dann bei kleinster Hitze für 15–20 Minuten auf der Herdplatte durchziehen. So kann der Reis ruhig aufquellen und ist relativ trocken. Wilder Reis hat eine längere Kochzeit und schmeckt, gemischt mit Basmatireis, hervorragend zu einem in Butter gebratenen Fisch. Für Italienfans hier die besten Risottoreissorten: Aborio und Vialone. Bitte keine anderen Sorten benutzen, obwohl es mit Milchreis auch geht. Der Risottoreis sollte vorher immer in Olivenöl leicht angedünstet werden, dann mit Brühe oder Wein ablöschen, rühren, rühren, rühren – lecker, lecker, lecker.

ROSENKOHL

Unbedingt vorgeputzte Ware kaufen. Die Rosen sollen fest, makellos und ohne Flecken sein. Er liegt etwas schwerer im Magen als Wirsing- oder Weißkohl, also unbedingt blanchieren. Am besten schmeckt er in einzelne Blätter gezupft, mit Sahne, Speck und einem Hauch Zitrone. Ganze Köpfe in Butter geschwenkt mit einem Hauch Muskat sind immer sehr lecker zu Wildgerichten. Jetzt gibt's die Dinger auch schon im Glas – scheiße!

SALZ

Es gibt kaum Gerichte, die ohne Salz auskommen. Salz ist eines der wichtigsten Gewürze in der Küche. Ich verwende französisches Meersalz aus der Bretagne. Es ist leicht grau gefärbt und reicher an Spurenelementen als Salz aus der Erde. Meersalz schmeckt irgendwie salziger und hat ein feineres Aroma. Also, wo immer Sie können, würzen Sie mit Meersalz. Das Nudelwasser natürlich nicht, oder!?

SAUERKRAUT

Das beste Sauerkraut kommt frisch aus dem Elsaß, ist aber leider hier bei uns sehr schwer zu bekommen. Es hat eine unverwechselbare Konsistenz, ist fast weiß und hat ein tolles Aroma. Wo immer Sie es bekommen, greifen Sie zu. Sonst begnügt man sich mit Faßware aus dem Reformhaus. Es ist

etwas saurer als Dosenkraut, aber gesünder, da es höhere Anteile an Milchsäure hat. Die Milchsäure macht das Sauerkraut im übrigen so verdauungsfördernd. Sauerkraut vor dem Kochen nicht waschen, sondern nur leicht ausdrücken und mit Riesling, Brühe, Butter, Äpfeln usw. schmoren. Aufgewärmt am nächsten Tag ist es noch mal so gut, also immer eine größere Portion kochen und möglichst keine Dosenware kaufen.

SENF

Das Senfangebot ist fast unübersehbar geworden, so viele Marken sind inzwischen auf dem deutschen Markt. Die schärfsten Senfsorten sind immer noch Löwen- und Dijonsenf. Beim süßen Senf unbedingt Sorten der Firma Händlmeyer kaufen. Verschiedene Würzsenfe in Spitzenqualität bietet die Monschauer Senfmühle an. Grobkörniger Pommerysenf im Steinkrug schmeckt auch als Senfsauce zu Fisch hervorragend.

TOMATEN

Die Tomate ist die Lieblingsfrucht der Deutschen. Meistens ist sie fade und säuerlich, und fast immer kommt sie aus Holland. Ich esse Früchte von den Kanarischen Inseln (ab April bis Mai) oder aus den Vierlanden (ab Ende Juli bis Oktober). Außerhalb der Saison versorge ich mich mit Dosenware von der Firma Sonnen-Bassermann. Kleine Kirschtomaten aus den Vierlanden haben eine süße feine Gesamtsäure und schmecken gefüllt sehr lecker. Mein unvergessenes Tomatenerlebnis hatte ich in der Toscana, nie, nie, nie wieder werde ich den Geschmack vergessen und wohl so schnell nicht wieder finden. Wer Tomaten zum Enthäuten nicht extra abbrühen möchte, schält sie einfach mit dem Sparschäler, dann Strunk und Kerne entfernen und das pure Tomatenfleisch weiterverarbeiten.

WIRSING

Mein Lieblingskohl – als Roulade, Eintopf oder kurz geschmort – ist der Wirsing. Es gibt Frühlingswirsing und eine Wintersorte. Der junge im Frühling ist etwas heller und hat phantastisch schmeckende Innenblätter. Die Winterversion ist für Kohlrouladen oder Eintopf zu verwenden, sie hat ein kräftigeres Aroma. Für den Gebrauch den Kohl unbedingt blanchieren und hinterher eiskalt abschrecken. So behält er Farbe und Nährstoffe und kann wunderbar weiterverarbeitet werden. Zum Wirsing gehören eigentlich immer Salz und Zitrone.

FISCH UND FLEISCH . . .

GEFLÜGEL

Das Angebot an freilaufenden Enten, Hühnern und Gänsen ist in den letzten Jahren ständig gestiegen. Der Verbraucher wünscht artgerecht gehaltene Tiere und kann die Pohlmann-Computer-Klumpen hoffentlich bald nicht mehr sehen. Auch große kastrierte Hähne (Kapaune) gibt es inzwischen in guten Qualitäten. Der Kapaun ist eine Geflügeldelikatesse. Geflügel immer gründlich reinigen, alle Innereien vollständig entfernen, waschen und vollständig abtrocknen. Bei den Enten ist die Flugente mein bevorzugter Flieger. Sie ist schmackhaft, fettarm und wiegt immer zwischen 2,0 und 2,5 kg. Wer es kleiner möchte, entscheidet sich für eine Nantaiser Ente. Sie ist kleiner (höchstens 1 kg), fein, fettarm und sehr, sehr lecker. Die Gans steht noch fast jedes Jahr zur Weihnachtszeit bei mir auf dem Speisezettel. Fliegen auch Sie dem Geflügelgenuß entgegen!

LACHS

Er ist längst zum Alltagsfisch in unserer Küche geworden. Dank Überzüchtung ist er preiswert, aber immer noch schmackhaft. Der muskulöse Wildlachs ist fast dreimal so teuer wie der gezüchtete, hat aber ein festeres, fettärmeres Fleisch. Frischer Lachs muß ein pralles, klares Auge, dunkel-

rote Kiemen und eine glänzende Haut haben. Lassen Sie sich vom ganzen Fisch ein Filet oder Kotelett schneiden, denn vorgeschnittene Ware ist immer von schlechterer Qualität. Lachs läßt sich schmoren, braten, grillen und in Folie oder unter Salz garen. Als Gewürz kann er Meersalz, Pfeffer und Zitrone gut vertragen. Und, wie gesagt, Augen auf beim Lachskauf – er hat es verdient.

LAMMFLEISCH

Meine Lieblingsfleischsorte ist Lamm. Massenzucht ist nicht möglich, dadurch wohlschmeckendes Fleisch, fettarm und gesund, und wenn es dann noch von den salzigen Wiesen Ostfrieslands kommt, steht dem Hochgenuß nichts mehr im Wege. Frische Ware ist der gefrorenen vorzuziehen. Keulen oder Rücken aus Irland, Neuseeland oder Frankreich sind fast überall frisch zu bekommen. Je jünger die Tiere geschlachtet werden, desto zarter ist das Fleisch. Ideale Schlachtreife ist 5–6 Monate. Mit Hammel- oder Schafsgeschmack hat das heutige Lamm nichts mehr gemein. Alte Hammel sind kaum noch auf dem Markt, oder doch? Bitte in jedem Fall das Fett entfernen, es wird beim Braten leicht bitter.

REH

Die Jagdzeit für das Reh ist vom 16. Mai bis 31. Januar. Man bekommt also Ende Mai den schönsten Reh-

braten – obwohl viele noch denken, Rehrücken oder Keule ist etwas für den Winter. Rehfleisch unbedingt beim Händler oder Schlachter Ihres Vertrauens kaufen. Fleisch von jungen, einjährigen Böcken ist leicht hellrot und hat ein feines Aroma. Alte Böcke sind dunkel und manchmal hart und sollten im Wald bleiben. Rehfleisch darf nicht gespickt werden, denn der Saft tritt aus der Keule oder dem Rücken aus, und das Fleisch kann trocken werden. Also belegt man das Fleisch mit großen, dünnen Speckscheiben. Rehfleisch läßt sich gut einfrieren und steht somit das ganze Jahr zur Verfügung.

SPECK

Speck spielt in meiner Küche eine nicht unwichtige Rolle. Er sollte mild geräuchert, aber hart und fest in der Konsistenz sein. Durchwachsener Speck darf kein labberiges Fett haben. Luftgetrockneter Speck aus Südtirol oder dem Schwarzwald hat ein unverkennbares, stark rauchiges Aroma, also sparsam einsetzen. Zum Einwickeln (Babieren) von Wildfleisch nimmt man grünen Speck, der ist nur gekocht, also nicht geräuchert. Eine Speckschwarte gehört in jedes Grünkohlgericht und jede Linsensuppe. Zum gebratenen Frühstücksei hauchdünn geschnittener, luftgetrockneter Südtiroler Speck, leicht mitgebraten – wer denkt da an plastikverschweißte Wabbelware?

DER UMGANG MIT KRÄUTERN . . .

Noch nie war das Angebot an frischen Kräutern in Deutschland so groß. Sorten wie Rosmarin, Thymian oder Basilikum gibt es das ganze Jahr als Topfpflanzen zu kaufen. Die Qualität läßt oft zu wünschen übrig, also unbedingt Aroma, Duft und Preis prüfen. Sonst getrocknete Ware verwenden. Hier unbedingt, wenn's auch ein bißchen teurer ist, zur Spitzenqualität Spice Islands greifen. Alle anderen Marken im Regal erreichen nicht annähernd diese Qualität. Wer die Möglichkeit hat, zieht sich Kräuter auf der Fensterbank oder sogar im Glashaus selbst. Den Duft von dort gezogenem Basilikum, den mir Freunde mitgebracht haben, werde ich so schnell nicht vergessen – und die Glashaustomaten dazu ebenfalls nicht.

BASILIKUM

Beliebtes Küchenkraut – leider oft in zu kleinen Mickertöpfen zu bekommen. Also Augen auf beim Basilikumkauf, denn frisch sollte es schon sein, getrocknete Ware schmeckt nach nichts. Selbstgezogen (gar nicht so einfach) hat es mir in den letzten Jahren viel Freude gemacht. Denn nur frisch schmeckt es zu Tomate, Knoblauch, Salaten oder Fisch. Gemörst mit Olivenöl, Pinienkernen und Parmesan ist es als Pesto gut portionsweise einzufrieren. So ist der Wintervorrat gesichert.

BOHNENKRAUT

Der intensive, leicht pfeffrig-würzige Geschmack wird leider oft nur zum Bohnenkochen verwendet. Total verkehrt! Also, frisches Bohnenkraut zu gegrilltem Lamm oder Fisch oder über einen Tomatensalat geben. Getrocknete Ware ist okay.

LORBEERBLÄTTER

Lorbeerblätter kommen zu Unrecht bei uns nur in die Suppe oder in den Eintopf, dabei entfalten sie, fein gehackt, zur Tomaten- oder Hacksauce ihr volles Aroma. Die Blätter sollten makellos glänzen und würzig duften. Sofort alle alten und trockenen, jahrelang in Behältern liegenden Blätter wegwerfen und neue von Spice Islands kaufen – teuer, aber gut.

MUSKATNUSS

Wenn Sie Muskatnüsse im Hause haben, die noch geknackt werden müssen, bevor man an den Kern kommt, dann steht dem tollen Aroma nichts mehr im Wege. Muskatnuß immer zum Schluß feingerieben an die Speisen geben. Ein Hauch zur Sahnesauce, diese Sauce zu Nudeln, einfach köstlich. Sämtliche Kartoffelgerichte gehen eigentlich gar nicht ohne Muskatnußaroma.

PETERSILIE

Die Nummer eins unter den Küchen-
kräutern. Muß für jede Art von Deko
herhalten – leider. Schmeckt zu
Kartoffelbrei, Sahnesaucen, Eier-
speisen oder solo, fritiert über
gegrilltem Fisch – sehr lecker. Die
glatte Petersilie ist aromatischer und
entfaltet ihr vollstes Aroma, wenn
man sie mit heißem Wasser abbraust,
bevor man sie kleinschneidet.
Getrocknete Ware schmeckt nicht,
teilweise herb und bitter, also beim
Kaufmann lassen.

ROSMARIN

Rosmarin hat ein herb-würziges,
intensives Aroma, das hervorragend zu
Lammgerichten oder Eintöpfen paßt.
Ich lasse einfach einen frischen Zweig
Rosmarin mitschmoren und nehme
ihn kurz vor dem Servieren wieder
'raus. Denn dann hat er seine Arbeit
getan und sein unverwechselbares
Aroma abgegeben. Getrocknete
Rosmarinnadeln hacke ich kurz vor
dem Gebrauch mit einem scharfen
Messer etwas klein. Die Würzkraft
von Rosmarin paßt toll zu Kartoffel-
gratins oder allen Saucen mit Sahne.

SCHNITTLAUCH

Gleich zum Wichtigsten: Schnittlauch
immer zum Schluß an die Speisen
geben, denn längeres Mitkochen
macht alles bitter. Schnittlauch paßt
toll zu Sahnesauce, Suppen und als
Brotabelag. Er hat viele Vitamine
(A und C) und einen feinen, an
einen Hauch Zwiebel erinnernden
Geschmack.

THYMIAN

Eines meiner Lieblingskräuter ist
ein frisches Thymiansträußchen.
Es hat ein intensives Aroma, duftet
und schmeckt ausgeglichener als
getrocknete Blätter. Also, wenn
möglich, frischen Thymian verwenden.
Getrockneter Thymian entfaltet sein
Aroma besser, wenn man ihn kurz
vor Gebrauch über dem Handballen
aufreibt. Thymian ergänzt sich hervorragend mit Rosmarin und paßt zu
Lamm, Gemüse und Tomaten.

ZUM SCHLUSS EIN WENIG TECHNIK

BLANCHIEREN

Gemüse oder andere Lebensmittel
in kochendem Wasser abbrühen –
danach sofort in eiskaltem Wasser
abschrecken. So behalten Spinat oder
Broccoli ihre schöne Farbe. Grüne
Erbsen behalten ihre schöne Farbe,
wenn man dem Kochwasser etwas
Zucker beigibt. Nur blanchiertes

Gemüse schmeckt kräftig. Es wird hinterher nur in Butter oder Olivenöl erhitzt. Die Blanchierzeit für Spinat ist höchstens 30 Sekunden – bei Treibhausspinat noch kürzer, also nur eintauchen ins kochende Wasser.

FOND

Der durch intensives Auskochen von Kalb-, Wild- oder Geflügelknochen entstandene Saft = Fond. Dieser kann durch Anrösten der Knochen braun sein – oder, ohne Röstvorgang, klar.

GRATINIEREN

Kartoffeln, Gemüse oder Obst in einer Form überbacken und mit einer Kruste versehen. Als Bindemittel werden Sahne, Crème fraîche oder Milch verwendet. Verschiedene Gemüsesorten wie Broccoli, Tomaten, Zuccini können auch in Brühe gratiniert werden. Die Zutaten sollten saftig bleiben und goldbraun überkrustet werden – dazu Gratin mit Käse bestreuen und mit Butter oder Olivenöl als Hitzeschutz bedecken.

JUS

Kalbs-, Wild- oder Geflügelfond wird weiter stark reduziert. Dann zur Weiterverarbeitung mit Rotwein, Balsamessig oder Portwein zur perfekten Sauce verfeinert. Jus, auch Demi-Glace genannt, hält sich bis zu 14 Tagen im Kühlschrank.

POCHIEREN

Fisch, Fleisch, Obst oder Gemüse in Flüssigkeit unter dem Siedepunkt (bei 75–90° C) garziehen lassen. Ein Pochierfond für Fisch besteht z.B. aus Wasser, Schalotte, Champignons, Petersilie und einem kleingeschnittenen Suppenbund – hierin wird das Fischfilet behutsam gegart. Knödel, Fleisch oder Käsebällchen werden in Wasser bei mäßiger Hitze gegart. Aufgeschlagene Eier schmecken, in Essigwasser (ohne Salz) behutsam pochiert, einfach schöner und leichter als normal gekochte. Die Eier vorher einzeln in eine Tasse geben und dann ins Essigwasser gleiten lassen – ist einfacher, als man denkt –, es darf halt nur nicht kochen! Das gilt auch fürs Pochieren im Wasserbad (Karamelcreme oder Eierstich).

SAUTIEREN

Etwas kurz schwenken und bei hoher Temperatur garen. Kleine Scheiben von Fisch, Fleisch oder Gemüse in einer flachen Sauteuse (Stielkasserolle) rasch schwenken und garen. Ich sautiere feinste Champignonscheiben in einem Butter-Olivenöl-Gemisch und gebe sie dann zu gebratenem Fisch oder Fleisch.

EIN KLEINER MUSIKALISCHER NACHSCHLAG

VON SABINE ROSSBACH-HESSE

TABALUGA
Von Peter Maffay

Märchenhaft romantische Musik für ein Essen zu zweit. Vielleicht für das erste Mal, wenn zwischen Vorspeise und Hauptgang kleine Gesprächs-pausen entstehen. Dann hört man Peter Maffay zu und überläßt das Säuseln dem Meister.

BRUCKNER SINFONIE NR. 7
NDR Sinfonie Orchester unter Leitung von Günther Wand

Leise zur Vorspeise und furios zum Nachtisch. Sie paßt zu einem stilvollen leichten Essen unter Hinzuziehung von Kerzenschein und schweren Gesprächen.

CANZONI
Von Lucio Dalla

Diese musikalische Zutat rundet nicht erst zum Espresso ein fröhliches Essen mit sehr guten Freunden ab. Am besten serviert man sie auf einem blu-migen Balkon zu einem perlenden Prosecco.

VARIOUS

*Warhrscheinlich die schönsten
Opernarien der Welt*

Die Crème der Opernsänger/innen gibt sich hier an Ihrem Tisch die Ehre. Montserrat Caballé, Maria Callas oder Placido Domingo heulen Ihnen gekonnt in den Aperitiv. Durch perfektes Timing sollten Sie allerdings verhindern, daß »Wallküre« ausgerechnet zum kalorienreichen Nachtisch erklingt.

TENDERNESS

Von Al Jarreau

Virtuosität auf dem Tisch und in den Ohren. Tenderness ist anspruchsvolle Begleitmusik für ein Essen zu zweit. Wenn Sie beim Nachtisch das Licht ein wenig dimmen, könnte der Abend noch andere Höhepunkte haben.

ORGANIC

Von Joe Cocker

Herzhafte Kost, gute Laune und über alte Zeiten sprechen. Dazu paßt ein alter Wein und ein junggebliebener Joe Cocker. Zu „Don't let me misunderstood" könnte auch ein Cocktail gereicht werden, der wie der Künstler hält, was er verspricht.

WHEN LOVE FINDS YOU

Von Vince Gill

Ist es vielleicht der erste Abend zu zweit in der eigenen Küche? Vince Gills Country- und Popballaden schmeicheln den Sinn und scheinen ins Herz. Wenn Sie sich tief in die Augen sehen und sich dabei eine gut komponierte Sauce auf der Zunge zergehen lassen, könnte der eine oder andere Song Ihr Lied werden.

COMMODORES – MASTERSERIES

Best of Commodores, paßt zu allem, besonders aber zu Wildgerichten und exotischen Speisen. Vorsicht allerdings bei Eis zum Nachtisch. Es könnte schmelzen, bevor Sie davon gekostet haben.

MAKING LOVE – THE VERY BEST OF AIR SUPPLY

Nicht nur zu Suppen, ein flüssiger Sound, der Lust auf mehr macht. Für gemütliche Mahlzeiten in netter Runde. Diese Platte kann man spät abends auch ein zweites Mahl auflegen, wenn der zweite Hunger kommt und sich die Gesellschaft über die Reste in der Küche hermacht.